U0932848

"十四五"时期国家重点出版物出版专项规划项目

转型时代的中国财经战略论丛

税收优惠对企业技术创新效率的影响效应研究

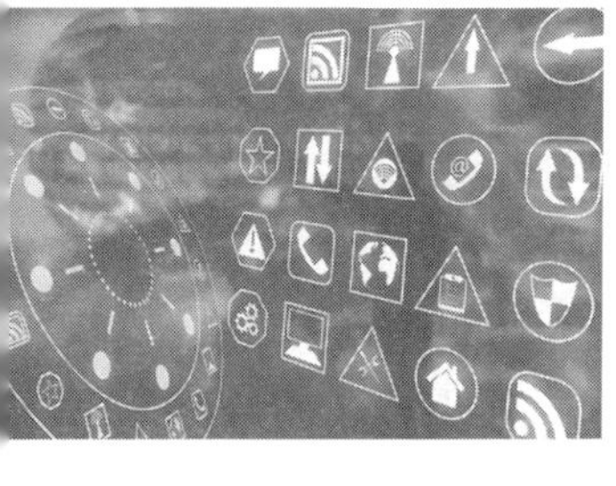

Research on the Effect of Tax Preference on Technological Innovation Efficiency of Enterprises

王静茹 著

中国财经出版传媒集团
经济科学出版社
Economic Science Press
·北京·

图书在版编目（CIP）数据

税收优惠对企业技术创新效率的影响效应研究/王静茹著. --北京：经济科学出版社，2024. 2
（转型时代的中国财经战略论丛）
ISBN 978-7-5218-5475-6

Ⅰ. ①税… Ⅱ. ①王… Ⅲ. ①税收政策-优惠政策-影响-企业创新-研究-中国 Ⅳ. ①F812. 422
②F279. 23

中国国家版本馆 CIP 数据核字（2024）第 004651 号

责任编辑：冯　蓉
责任校对：孙　晨
责任印制：范　艳

税收优惠对企业技术创新效率的影响效应研究
王静茹　著
经济科学出版社出版、发行　新华书店经销
社址：北京市海淀区阜成路甲 28 号　邮编：100142
总编部电话：010-88191217　发行部电话：010-88191522
网址：www. esp. com. cn
电子邮箱：esp@ esp. com. cn
天猫网店：经济科学出版社旗舰店
网址：http：//jjkxcbs. tmall. com
北京季蜂印刷有限公司印装
710×1000　16 开　11. 25 印张　180000 字
2024 年 2 月第 1 版　2024 年 2 月第 1 次印刷
ISBN 978-7-5218-5475-6　定价：46. 00 元
（图书出现印装问题，本社负责调换。电话：010-88191545）

总　序

"转型时代的中国财经战略论丛"是山东财经大学与经济科学出版社在合作推出"十三五"系列学术著作基础上继续在"十四五"期间深化合作推出的系列学术著作，属于"'十四五'时期国家重点出版物出版专项规划项目"。自2016年起，山东财经大学就开始资助该系列学术著作的出版，至今已走过7个春秋，其间共资助出版了152部学术著作。这些著作的选题绝大部分隶属于经济学和管理学范畴，同时也涉及法学、艺术学、文学、教育学和理学等领域，有力地推动了我校经济学、管理学和其他学科门类的发展，促进了我校科学研究事业的进一步繁荣发展。

山东财经大学是财政部、教育部和山东省人民政府共同建设的高校，2011年由原山东经济学院和原山东财政学院合并筹建，2012年正式揭牌成立。学校现有专任教师1730人，其中教授378人、副教授692人，具有博士学位的有1034人。入选国家级人才项目（工程）16人，全国五一劳动奖章获得者1人，入选"泰山学者"工程等省级人才项目（工程）67人，入选教育部教学指导委员会委员8人，全国优秀教师16人，省级教学名师20人。近年来，学校紧紧围绕建设全国一流财经特色名校的战略目标，以稳规模、优结构、提质量、强特色为主线，不断深化改革创新，整体学科实力跻身全国财经高校前列，经管类学科竞争力居省属高校首位。学校现拥有一级学科博士点4个，一级学科硕士点11个，硕士专业学位类别20个，博士后科研流动站1个。应用经济学、工商管理和管理科学与工程3个学科入选山东省高水平学科建设名单，其中，应用经济学为"高峰学科"建设学科。应用经济学进入软科"中国最好学科"排名前10%，工程学和计算机科学进入ESI全球排名前1%。2022年软科中国大学专业排名，A以上专业数18个，位居省属高校第2位，全国财经类高校第9位，是山东省唯一所有专业全部上榜的高校。2023年软科世界大学学科排名，我校首次进入世界前1000名，位列910名，中国第175名，财经类高校第4名。

2016年以来，学校聚焦内涵式发展，全面实施了科研强校战略，取得了可喜成绩。仅以最近三年为例，学校承担省部级以上科研课题502项，其中国家社会科学基金重大项目3项、年度项目74项；获国家级、省部级科研奖励83项，1项成果入选《国家哲学社会科学成果文库》；被CSSCI、SCI、SSCI和EI等索引收录论文1449篇。同时，新增了山东省重点实验室、山东省重点新转智库、山东省社科理论重点研究基地、山东省协同创新中心、山东省工程技术研究中心、山东省两化融合促进中心等科研平台。学校的发展为教师从事科学研究提供了广阔的平台，创造了更加良好的学术生态。

“十四五”时期是我国由全面建成小康社会向基本实现社会主义现代化迈进的关键时期，也是我校合并建校以来第二个十年的跃升发展期。2022年党的二十大的胜利召开为学校高质量发展指明了新的方向，建校70周年暨合并建校10周年校庆也为学校内涵式发展注入了新的活力。作为“十四五”时期国家重点出版物出版专项规划项目，“转型时代的中国财经战略论丛”将继续坚持以马克思列宁主义、毛泽东思想、邓小平理论、“三个代表”重要思想、科学发展观、习近平新时代中国特色社会主义思想为指导，结合《中共中央关于制定国民经济和社会发展第十四个五年规划和二〇三五年远景目标的建议》以及党的二十大精神，将国家“十四五”时期重大财经战略作为重点选题，积极开展基础研究和应用研究。

“十四五”时期的“转型时代的中国财经战略论丛”将进一步体现鲜明的时代特征、问题导向和创新意识，着力推出反映我校学术前沿水平、体现相关领域高水准的创新性成果，更好地服务我校一流学科和高水平大学建设，展现我校财经特色名校工程建设成效。我们也希望通过向广大教师提供进一步的出版资助，鼓励我校广大教师潜心治学，扎实研究，在基础研究上密切跟踪国内外学术发展和学科建设的前沿与动态，着力推进中国特色哲学社会科学学科体系、学术体系和话语体系建设与创新；在应用研究上立足党和国家事业发展需要，聚焦经济社会发展中的全局性、战略性和前瞻性的重大理论与实践问题，力求提出一些具有现实性、针对性和较强参考价值的思路和对策。

山东财经大学党委书记 王邵军

2023 年 8 月 16 日

前　言

企业技术创新效率是实现企业高质量发展的重要驱动力，税收优惠是提升企业技术创新效率的重要激励政策工具。税收优惠政策激励企业技术创新已成为"十四五"规划积极财政政策的重点之一。党的十九大报告明确提出"创新是引领发展的第一动力，是建设现代化经济体系的战略支撑"。加快建设创新型国家已作为现代化建设全局的战略举措。"十四五"规划中提出坚持创新驱动发展，全面塑造发展新态势，完善技术创新市场导向机制，强化企业主体地位。企业作为推动技术创新效率增长的重要载体，其技术创新效率是衡量国家技术创新水平的重要评价指标。当前我国企业技术创新处于发展阶段，虽然已取得了一定的进步，进入世界制造业大国和科技大国之列，但企业技术创新效率仍存在创新投入转化率偏低、有效专利数量结构不均衡、核心技术产品市场转化率低、高端技术人才匮乏和创新信息不对称等问题。我国企业技术创新效率的发展现状是由技术创新自身的特点所决定的。技术创新活动不同于其他市场活动，由于其过程公共性、收益外部性、结果不确定性、成本高投入性等特点会引发技术创新的市场失灵问题，抑制企业开展技术创新活动的积极性。因此，需要政府发挥有效的宏观调控作用，税收优惠政策作为激励企业技术创新的重要政策工具，能够激励企业增加创新投入，以解决市场失灵所造成的技术创新投入不足的问题。在我国经济处于新发展阶段的关口，探寻税收优惠政策对企业技术创新效率的影响效应问题，对于我国实施创新驱动发展战略、实现经济高质量发展和完善税收优惠政策体系具有重要现实意义。

我国激励企业技术创新的税收优惠政策已呈现出适用范围和优惠力度持续加大的普惠性特点，在减轻企业税收负担方面卓有成效。《工业企业科技活动统计年鉴》的数据显示，2009年我国高新技术企业减免税和研发费用加计扣除减免税分别为260.52亿元和150.41亿元，到2016年高新技术企业减免税和研发费用加计扣除减免税分别达到782.82亿元和488.98亿元，年均增长率高达17.0%和18.3%。为发挥税收优惠激励企业技术创新效率的持续影响效应，《中华人民共和国国民经济和社会发展第十四个五年规划和2035年远景目标纲要》提出，对企业投入基础研究实行税收优惠，鼓励社会以捐赠和建立基金等方式多渠道投入。实施更大力度的研发费用加计扣除、高新技术企业税收优惠等普惠性政策。完善激励科技型中小企业创新的税收优惠政策。为此，政府应当完善我国激励企业技术创新的税收优惠政策体系，让企业切实获得税收优惠政策的激励作用，真正实现技术创新效率的提升。

本书聚焦于税收优惠政策对企业技术创新效率的研究视角，主要致力于解决以下问题：第一，基于最优税收理论、内生经济增长理论、技术创新理论、外部性理论，从税收优惠影响企业技术创新的研发费用加计扣除、高新技术企业所得税优惠税率、绿色税收优惠三个政策层面，分别探讨其是促进还是抑制企业技术创新效率的提升；第二，从成果转化、产品市场和绿色发展三个维度，考察税收优惠政策对企业技术创新效率的传导机制及作用路径；第三，根据税收优惠政策与企业技术创新效率的事实特征，探讨三类税收优惠政策是否因企业特征和创新环境差异对企业技术创新效率产生异质性影响。

本书研究税收优惠政策对企业技术创新效率的影响效应，主要工作和研究成果如下：

第一，整理现有研究文献。对有关税收优惠的经济效应、税收优惠对企业技术创新效率影响及作用路径的研究文献进行梳理和总结，并阐述了现有的研究成果贡献与不足。阐释了税收优惠与技术创新效率的内涵以及相关理论基础，同时，从理论层面分析税收优惠对企业技术创新效率的影响及传导机制。

第二，研判当前我国规模以上工业企业技术创新发展态势。本书基于企业创新价值链视角，对规模以上工业企业成果转化阶段、产品市场阶段和绿色发展阶段的技术创新现状进行系统分析，并提出当下我国工业企业技术创新发展中存在的主要问题，为税收优惠促进企业技术创新效率的研究提供现实基础。

第三，实证分析研发费用加计扣除对企业技术创新效率的影响。基于成果转化与产品市场双重视角，通过构建双向固定效应模型和中介效应检验模型，考察研发费用加计扣除政策对先进制造业企业技术创新效率的影响效应及作用路径。研究发现，研发费用加计扣除政策显著提升了先进制造业企业成果转化阶段和产品市场阶段的技术创新效率。异质性研究发现，研发费用加计扣除政策对先进制造业企业技术创新效率的影响存在异质性，表现为研发费用加计扣除政策对非国有企业技术创新效率的提升作用高于国有企业，对高科技行业企业技术创新效率的提升作用高于传统行业企业，对高技术创新效率企业技术创新效率的提升作用高于低技术创新效率企业。作用路径分析表明，研发费用加计扣除政策可以通过增加企业研发投入、缓解融资约束、增加用于销售产品的交易费用提升企业技术创新效率。

第四，实证分析高新技术企业所得税优惠税率对企业技术创新效率的影响。基于产品市场视角，通过构建随机前沿模型实证检验高新技术企业所得税优惠税率对军民融合企业技术创新效率的影响及作用路径，并分析不同所有权性质的军民融合企业的技术创新效率差异及收敛性。研究发现，高新技术企业所得税优惠税率对产品市场阶段的技术创新效率具有显著提升作用，并通过企业规模、创新质量、融资约束和制度环境路径作用于技术创新效率。通过收敛性分析发现，民营军民融合企业和国有军民融合企业的内部技术创新效率差距在不断缩小，而民营军民融合企业和国有军民融合企业之间的技术创新效率依然存在差距。

第五，实证分析绿色税收优惠对企业技术创新效率的影响。基于绿色发展视角，构建双向固定效应模型证检验绿色税收优惠对重污染企业技术创新效率的影响，并通过中介效应模型验证绿色税收优惠对企业技术创新效率的作用路径。研究发现，绿色税收优惠显著提升了重污染企业绿色发展阶段未来三年的技术创新效率。异质性研究发现，绿色税收优惠对国有企业的提升作用高于非国有企业，对市场化程度较高地区企业的提升作用高于其他地区的企业。作用路径分析表明，绿色税收优惠通过增加企业的环保投资和技术创新投入对企业未来三年的绿色技术创新效率产生积极影响。通过进一步研究发现，技术创新投入替代环保投资的趋势逐渐显现，意味着企业在“绿色化投资”组合中倾向于选择技术创新投入。

本书可能存在的创新主要体现在三个方面：

第一，研究视角的创新。已有文献侧重税收优惠的总量研究和整体性研究，关于不同税收优惠政策对企业技术创新效率的结构性研究较少，则不利于系统性和针对性考察特定税收优惠政策对企业技术创新效率的影响效应。本书突破现有研究关于税收优惠总量对企业技术创新效率影响效应的局限性，从税收优惠的结构性视角进行考察，聚焦于税收优惠政策的研发费用加计扣除、高新技术企业所得税税率优惠、绿色税收优惠对企业技术创新效率的影响效应分析，丰富和完善现有税收优惠政策体系的研究视角。

第二，研究内容的拓展。已有文献侧重整体税收优惠或单一税收优惠对企业技术创新效率的影响效应开展研究，较少将多种税收优惠政策纳入统一分析框架，不利于更加全面分析税收优惠政策与企业技术创新效率的关系。本书基于最优税收理论、内生经济增长理论、技术创新理论和外部性理论，从理论层面分别揭示研发费用加计扣除、高新技术企业所得税优惠税率和绿色税收优惠与企业技术创新效率之间的逻辑机理，并分别构建研发费用加计扣除、高新技术企业所得税优惠税率、绿色税收优惠与企业技术创新效率的关联模型，实证检验了上述税收优惠政策对企业技术创新效率的影响效应及传导机制，并得出了具有针对性的结论，对于现行税收优惠政策体系设计具有参考和借鉴价值。

第三，实证分析设计的改进。已有文献从投入和产出角度，构建SFA（随机前沿）模型测算企业技术创新效率，单一投入指标的选择可能会影响企业技术创新效率的准确性，对实证分析结果产生影响。本书选取多投入指标进行技术创新效率的测算，并使用Malmquist指数、GML指数对企业技术创新效率进行替换，验证了本书研究结论的稳健性。已有文献忽略实证分析中存在的内生性影响，将造成实质分析结果出现偏差。本书考虑到税收优惠可能的内生性问题，一方面使用系统GMM等前沿的计量方法解决内生性问题，并根据Sargan检验策略对该方法的合理性加以确认；另一方面使用Heckman两步法，构造具有外生性的指标，有效解决内生性问题。为确保数据的可靠性和准确性，整理搜集企业享受研发费用加计扣除政策数据明细，剔除其他税收优惠政策影响，得到了研发费用加计扣除对企业技术创新效率具有显著提升作用的估计结果，并进行了作用路径的检验。综合使用“中国上市公司资质认定研究数据库”和“中国上市公司专利研究数据库”等，确保了高新技术企业认定的准确性，并使用Wind数据库和CSMAR数据库的企业名义所得税率数据，对企业所享受优惠力度进行测算。在绿色税收优惠政策研究中，综合使用“上市公司年度报告”“企业社会责任报告”“企业可持续发展报告”以及CNRDS数据库，手动搜集企业享受绿色税收优惠和申请绿色专利数据，并谨慎处理专利申请的期间归属问题。

目　录

第1章 绪　　论

企业技术创新效率的提升是新阶段实现经济高质量发展的重要推动力，税收优惠是激励企业技术创新效率的重要财政政策手段。本章主要阐述本书的研究背景和研究意义，然后对国内外文献进行系统梳理和总结、简述本书的主要内容和研究方法，并通过绘制技术路线图呈现本书的研究框架，最后对本书的创新点与不足之处进行说明。

1.1 研究背景与研究意义

1.1.1 研究背景

创新作为推动我国经济发展质量变革、效率变革、动力变革的关键动力，是建设现代化经济体系、推动经济高质量发展的重要目标。企业作为推动技术创新效率增长的重要载体，是技术变革和研发创新的主力。党的十九大报告中明确提出深化科技体制改革，建立以企业为主体、市场为导向、产学研深度融合的技术创新体系，加强对中小企业创新的支持，促进科技成果转化。十九届五中全会指出，坚持创新在我国现代化建设全局中的核心地位，把科技自立自强作为国家发展的战略支撑。强化国家战略科技力量，提升企业技术创新能力。基于此，提高企业技术创新能力和创新优势，促进产业结构升级成为贯彻创新驱动发展战略的根本内容。

技术创新活动不同于其他市场活动，具有过程公共性、收益外部性、结果不确定性、成本高投入性等特点，导致企业研发创新收益低于社会收益，降低企业开展技术创新活动的积极性。企业创新成果的不确定性、创新过程的不可分割性和创新收益的外部性，仅依靠市场调节无法弥补企业的私人收益损失，使企业创新资源达到最优水平。为降低企业创新成本、创新风险、创新成果的外部性，需要政府发挥有效的宏观调控作用，对企业创新活动进行引导和调节，以发挥政府的有效激励作用。

税收优惠政策具有指向性强和调控力度易于控制等诸多特点，是政府利用财税政策工具调控经济、激励企业技术创新活动的逆经济周期调节政策。政府通过对企业技术创新与研发活动给予税收优惠，一方面通过降低企业创新成本、缓解融资约束和分担企业创新风险，提高技术研发投入水平；另一方面在政府支持和资助下，企业可能会选择周期较长的研发项目，实现企业社会收益和企业创新收益的协同发展。

税收优惠政策的本质是通过降低企业税负、增加企业资金收益的方式，达到引导企业增加技术创新投入的目标。我国现行激励企业技术创新的税收优惠政策呈现出以所得税和流转税为主体、直接激励与间接激励兼有的特点。我国激励企业技术创新的税收优惠方式具体包括研发费用加计扣除、税率优惠、税额抵免、减免税、加速折旧等。我国激励企业技术创新的税收优惠政策已呈现出适用范围和优惠力度持续加大的普惠性特点，在减轻企业税收负担方面卓有成效。我国自 1996 年开始实行研发费用加计扣除政策，已经历了多次变革，政策享受主体已扩大至所有企业、核算申报程序不断简化、研发费用税前扣除额和无形资产税前摊销比例不断提高。2008 年开始实施高新技术企业税收优惠政策，同年 12 月初召开的中央经济工作会议中提出实施结构性减税措施。2018 年开始实施的环保税标志着我国绿色税收体系逐步发挥对企业绿色发展的引导作用，绿色税收优惠也逐渐成为政府引导企业绿色创新发展的重要激励工具。

根据历年《工业企业科技活动统计年鉴》数据，2009 年我国高新技术企业减免税和研发费用加计扣除减免税分别为 260.52 亿元和 150.41 亿元，到 2016 年高新技术企业减免税和研发费用加计扣除减免税分别达到 782.82 亿元和 488.98 亿元，年均增长率高达 17.0% 和 18.3%。在众多政府支持企业技术创新的政策工具中，税收优惠政策是我国促进企业技术创新的重要激励政策之一。税收优惠政策在激励企业进行技术创新的过程中是否真正发挥了作用？不同类型政策对不同类型企业技术创新效率的影响效果如何？税收优惠政策影响企业技术创新效率的传导机制及作用路径是怎样的？其对企业技术创新效率的影响是否会因企业特征不同、创新环境差异而呈现异质性？本书基于上市公司微观数据实证研究税收优惠政策对我国企业技术创新效率的影响效应，力图通过分析当前我国经济社会所处背景下，税收优惠对企业技术创新效率之间的激励效应，基于最优税收理论、内生经济增长理论、技术创新效率和外部性理论，分别从研发费用加计扣除、高新技术企业所得税优惠税率、绿色税收优惠三个维度探寻其对企业技术创新效率的影响，并检验成果转化、产品市场、绿色发展三种机制在其中所产生的作用，对于我国实施创新驱动发展战略、实现经济高质量发展和完善税收优惠政策体系具有重要现实意义。

1.1.2 研究意义

改革开放以来，我国经济持续保持高速增长水平，这主要归因于劳动力供给充足以及高储蓄率和高投资率带来的资本累积。我国经济增长主要是依靠要素资本的积累而非技术水平的提高，是一种粗放型的经济增长模式，存在高投入但低效率的问题。伴随着劳动力短缺、成本上涨和宏观储蓄率下降问题的日益显现，继续依靠增加要素投入的经济增长方式是不可持续的。如何转变这种经济增长模式，提高资源配置效率，是未来我国经济发展中迫切需要解决的重大战略问题。党的十九大报告正式提出，“我国经济已由高速增长阶段转向高质量发展阶段，正处在转变发展方式、优化经济结构、转换增长动力的攻关期”。其中建设现代化经济体系的一项重要内容是提高技术创新效率。按照新经济增长理论，在当今市场竞争日趋激烈和技术创新水平日益提升的情况下，提高技术创新效率是任何一个企业、地区乃至国家经济可持续发展的最终源泉。

税收优惠作为影响经济发展和资源配置的重要宏观调控工具，不仅关系到政府提供公共产品的资金来源，而且间接影响企业的外部经营环境和经营发展决策，构成了企业生产要素的成本。税收优惠对企业技术创新效率的影响归纳为两类：第一，直接影响。税收优惠会提高企业税后净收益，激励企业增加要素投入开展研发创新活动，从而促进技术创新效率的提高；第二，间接影响。企业技术创新效率的提高，是企业技术进步、管理创新、组织变革等多方面因素共同作用的过程。税收优惠产生的激励效应能够增加企业的研发投入和人力资本投入，还能够缓解企业的融资约束，改善因税收政策导致的要素市场资源配置失衡，最终影响企业的技术创新效率。本书聚焦税收优惠对企业技术创新效率的影响及作用机制问题，具有重要的理论意义和现实价值。

1. 理论意义

本书较为深入系统地研究税收优惠政策对企业技术创新效率的影响。第一，以最优税收理论、内生经济增长理论、技术创新理论与外部性理论为研究基础，从理论层面探究税收优惠政策对企业技术创新效率影响的逻辑机理，并将本书税收优惠政策界定为研发费用加计扣除、高新技术企业所得税优惠税率、绿色税收优惠三种政策，探究了研发费用加计扣除、高新技术企业所得税优惠税率、绿色税收优惠对企业技术创新效率的影响，不仅有助于丰富和拓展税收优惠政策与企业技术创新效率的理论研究内容，还可为优化税收优惠政策体系、提升企业技术创新效率提供理论支撑与借鉴。第二，突破现有研究视角的局限性，基于成果转化、产品市场、绿色发展视角，考察了三类税收优惠政策对企业技术创新效率的影响，对于当前我国激励企业技术创新效率的税收优惠政策研究提供了新颖视角。第三，阐述研发费用加计扣除、高新技术企业所得税优惠税率、绿色税收优惠政策的制度背景并提出相应研究假设，分别构建实证模型检验三类税收优惠政策对企业技术创新效率影响的传导机制与作用路径，并探索了三类税收优惠政策因企业特征和外部环境不同所产生的差异性影响，对于更加系统地明晰税收优惠政策对企业技术创新效率的深层次影响具有重要的借鉴意义。

2. 实际意义

本书研究对于优化我国激励企业技术创新的税收优惠政策体系、提升我国企业技术创新效率与实现企业高质量发展具有重要的应用价值。第一，以研发费用加计扣除、高新技术企业所得税优惠税率、绿色税收优惠为代表的激励企业技术创新效率的税收优惠政策为研究主线，探究具体税收优惠政策对企业技术创新效率的影响，得出结论并提出针对性政策建议，可以为高质量发展下的激励企业技术创新政策优化和完善提供现实指导和政策借鉴。第二，基于成果转化、产品市场和绿色发展视角，构建相应的实证模型检验具体税收优惠政策对企业技术创新效率的影响效应、传导机制及作用路径，并分析了因企业特征和外部环境变量不同所产生的差异性影响，进而提出有利于提升技术创新效率的税收优惠政策，为提升税收优惠政策的激励作用与推动企业技术创新效率增长提供理论依据和现实指导。

1.2 国内外研究文献述评

本部分从税收优惠的经济效应、税收优惠对企业技术创新效率的影响效应、税收优惠对企业技术创新效率影响的作用路径三个方面进行全面和系统性的梳理和归纳，并对已有文献进行客观评析，为本书的研究思路和实证分析提供了切入点。

1.2.1 税收优惠的经济效应

企业技术创新效率是技术创新投入与创新成果产出的比值（池仁勇，2003）。经济产出、研发投入、投资、出口均是影响技术创新投入的重要因素。税收优惠政策是稳定宏观经济的重要政策工具。从理论上而言，税收优惠形成的减税效应可以从五个方面影响宏观经济。第一，减税可以降低由税收带来的价格扭曲，提高资源配置效率，进而在长期内促进经济增长；第二，减税增加用于技术创新的研发投入（Liu and Lu，2015），提高企业的技术创新效率；第三，减税可以刺激企业投资，扩张总需求，缓解经济衰退时期的需求疲软问题；第四，减税能够刺激企业的固定资产投资，扩大企业出口；第五，减税能够促进企业增加环保投资和绿色技术创新投入，实现企业的绿色发展。基于此，本书主要对税收政策的经济产出效应、研发投入效应、投资效应、出口效应和绿色发展效应的相关文献进行系统的归纳与总结。

1. 关于税收优惠的经济产出效应的研究

税收优惠一定程度上带动经济发展和经济产出的增加，必然会对预期技术创新效率产生积极影响。在国内外关于税收政策在经济运行中的作用研究方面，自20世纪80年代以来，经济产出效应一直是减税研究的热点问题。新古典主义和凯恩斯主义理论均认为外生的政府支出增加，则产出增加，即税收增加，则产出降低（Blanchard et al.，1999）。供给学派认为，税收优惠政策主要通过税收乘数效应，对经济增长和产出水平等产生影响（Laffer，2004）。税收优惠形成的减税效应会促进劳动力的供给，这将有利于生产效率的提高，增加经济产出。根据供给学派的观点，减税具有经济产出效应和政府收入效应。经济产出效应包括对生产要素供给的影响以及对经济增长的影响。早期文献以标准的新古典增长理论和内生经济增长理论作为研究减税经济产出效应的重要分析工具。近年来，学者们通过引入新的模型设定或放松经典假设对这些分析工具进行了扩展。卢卡斯（Lucas，1990）将人力资本积累与内生增长引入一般均衡分析框架，推导出税率降低有利于经济增长。然而，吉安尼萨罗（Giannitsarou，2006）对此提出质疑，认为在经济衰退时期的减税政策未必起到短期财政刺激的作用，而在经济蓬勃发展的情况下，减税政策会带来比较显著的短期效益。在诺瓦雷和鲁伊斯（Novale and Ruiz，2002）的内生增长模型中，经济部门包括了商品的生产和人力资本的积累，所得税则被区分为劳动所得税和资本所得税。研究发现，在减税作用下，税基会有所增加并有利于经济增长，且减税的长期经济增长效应大于短期增长效应。

关于税收优惠政策实践效果的研究方面，肯尼斯和亚当（Kenneth and Adam，2002）通过建立1976～1999年的SVAR模型对日本财政政策的有效性进行分析，认为减税对实际产出具有明显的刺激效应。罗默等（Romer et al.，2010）分析了肯尼迪·约翰逊政府、里根政府和布什政府的减税政策对美国经济的影响。研究发现，税收收入如果减少1%，国内生产总值会因此上升2.5%～3%，这表明税收优惠政策对经济有显著的影响。邓肯和彼得（Duncan and Peter，2010）认为俄罗斯减税政策的成果是显著的，2001～2003年，俄罗斯GDP的年平均实际增长率约为7%，高于减税之前的GDP增长率。

近年来，国内学界对税收优惠政策实施的经济产出效应开展了全面研究。田志伟和胡怡建（2014）采用CGE模型分析“营改增”对经济的动态影响，结果表明，“营改增”的实施在短期内可以提高GDP增长速度，但在长期中只能提高GDP总量，GDP增长速度不变。黄赜琳和朱保华（2015）通过构建财政税收的实际经济周期（RBC）模型，实证分析了我国税收政策的经济效应。研究结果表明，降低劳动收入和资本收入的税率均能促进经济增长，增加资本和劳动的供给。降低劳动收入税率有利于促进居民消费增长，降低资本收入税率则起到抑制作用。申广军等（2016）考察了2009年增值税改革中的税率变化对企业的影响，研发发现，降低增值税可以提升供给效率，国有企业、东部地区和出口企业的资本和劳动产出效率明显增强。李明和李德刚（2018）采用理论和断点回归模型，评估了2002年所得税收入分享改革政策的经济效应，研究结果表明税率每下降1%，将带来企业劳均增加值增速提高3.2%。张磊等（2021）模拟分析了2019年增值税减收政策对宏观经济的影响，研究发现，增值税降低对实际GDP具有积极影响，尤其是对采矿业和制造业影响最为明显。刘永强和胡海生（2021）通过构建可计算一般均衡模型（CGE），对2018年以来增值税改革的经济效应进行评估，研究发现，增值税税率降低能够改善税收造成的资源扭曲问题，推动经济发展，提高各行业增加值的增长率。

2. 关于税收优惠的研发投入效应的研究

研发投入是企业保持竞争优势与提升技术创新能力的重要驱动力，而税收优惠是影响企业研发投入与技术创新的重要政策因素。国内外学术界关于税收优惠对研发投入激励效应的研究主要聚焦于影响因素、影响强度、影响方向三个方面。

鉴于税收优惠影响企业研发投入效应的制约因素具有多元性特点，学者们主要从企业内部特征和外部环境两个视角进行阐释。从企业内部特征视角，熊彼特（1994）认为研发投入主要受企业规模和企业市场势力的影响，这是因为规模足够大的企业在人力、资金方面更具优势，具备市场势力的企业更能承担由研发活动引致的风险。帕特里克等（Patrik et al.，2003）利用瑞典1990～1999年的企业数据，研究发现企业规模、资本结构、行业特征和所有权性质均对研发投入产生影响。任海云（2015）根据我国2004～2012年A股制造业上市公司数据进行实证检验，结果表明企业规模、股权集中度、国有企业对企业研发投入具有正向激励效应，资产负债率对研发投入具有负向效应。从外部环境视角，阿吉翁（Aghion，2005）选取1973～1994年311家企业数据，研究市场竞争程度与企业研发投入的关系，发现两者之间存在显著的倒U

形关系。钱水土等（2017）选取2012～2014年沪深A股上市公司样本数据，采用分位数回归模型，验证了地区科技金融发展对企业研发投入具有显著的正向激励效应。

目前学者普遍采用三种方法来度量税收优惠对企业研发投入的激励强度。一是采用瓦达（2001）设计的B指数。瓦达B指数是指每单位研发投入的实际税后成本，该值与税收优惠对研发投入的激励强度呈负相关，该值越高，激励强度越小。恩斯特等（Ernst et al.，2014）基于24个发达国家的专利申请数据研究发现，B指数下降10%，专利申请质量将会提升15%。袁建国等（2016）根据2006～2013年我国沪深A股上市公司数据研究认为，B指数下降，企业的研发投入增加。二是价格—弹性法和收益—成本法。这两种方法用来衡量研发投入对研发成本的弹性，弹性越大，表明税收优惠激励强度越大。拉赫（Lach，2002）采用价格—弹性法对以色列1990～1995年企业数据进行分析，发现研发投入的价格弹性为－0.141，说明税收优惠能够有效促进企业研发投入。三是通过设置企业是否享受税收优惠的虚拟变量进行测度。设置虚拟变量进行微观样本数据的因果研究，目的在于消除样本的选择性偏差和内生性问题，提高计量结果的准确性。德谢兹莱普雷特等（Dechezleprêtre et al.，2016）基于2006～2011年英国中小企业研发投入数据，采用回归间断法分析R&D税收激励对企业技术创新的因果影响，结果表明税收抵免增加1倍，将会引致研发投入提高70%。周克清等（2012）基于2009～2011年创业板上市公司数据，采用PSM两阶段回归模型验证税收优惠对R&D激励的有效性，结果表明所得税实际税率下降1%，企业将增加13.53万元研发投入，加计扣除增加1元可促使研发投入增加0.47元。

关于国内外学者基于采用的方法和选择样本数据的差异，税收优惠对企业研发投入激励效应的研究分为正向效应、负向效应、门槛效应三种观点。关于正向激励效应方面，程瑶等（2018）基于2015年A股上市公司数据，采用PSM和OLS回归法分别估计税收优惠对研发投入的政策效应，结果均表明税收优惠对企业研发投入具有正向激励效应。关于负向激励效应方面，王春元（2017）利用我国2010～2015年沪深上市公司中信息技术、制药、生物科学等行业企业的面板数据，运用双重差分模型分析2013年正式实施的税收优惠政策效果，认为税收优惠对国家重点扶持的小微高新技术企业研发投入具有抑制效应。关于门槛效应方面，冯海红等（2015）利用我国2000～2012年28个制造业大中型工业企业的面板数据建立固定效应和随机效应模型，研究表明，当税收优惠力度小于12%时，对研发投入的促进作用呈递增趋势；当税收优惠力度超过12%时，会对企业研发投入产生显著的负向激励效应，税收优惠力度每增加1%，企业研发投入规模则会降低0.829%。

3. 关于税收优惠的投资效应研究

税收政策是促进企业投资、引导投资结构优化的重要调节手段，而企业的投资计划势必会影响企业未来的生产经营活动，最终对企业技术创新效率产生影响。新古典投资理论认为，税收政策主要通过资本使用者成本影响企业物质资本投资，如所得税政策会通过资本使用者成本对投资产生潜在的影响（Jorgenson，1963）。哈勒等（Hall et al.，1967）认为税收优惠能够通过降低资本使用者成本而产生投资的税收利益，达到促进企业投资的目的。以康明斯和哈西斯（Cummins and Hassett，1992）为代表的经典投资理论进一步揭示了税收影响投资的作用机理，认为税制改革产生的减税效应会使未来投资成本发生变化，进而改变企业投资决策。基于以上两种投资理论的研究，一些文献关于税收优惠政策对企业投资增长的影响开展了实证分析。陈等（Chen et al.，2012）通过实证分析验证了减税对投资有促进作用。茨维克和马洪（Zwick and Mahon，2017）基于美国固定资产折旧税收优惠政策冲击，考察了企业投资对税率的敏感性，发现减税显著促进了固定资产投资，为通过减税提升投资需求提供了证据。

在税制改革的背景下，国内学者主要以上市公司或工业企业为研究对象，分析税收优惠政策对企业投资主体的影响。关于税收优惠政策方面，刘怡等（2017）运用DDD方法研究了不同税收优惠政策对企业固定资产投资的影响。研究发现，固定资产加速折旧政策对企业固定资产投资具有明显的拉动作用，增值税抵扣范围扩大政策对固定资产投资具有抑制作用并且削弱了固定资产加速折旧政策的效果。魏紫和姜朋（2018）基于双重差分法对三个省份的税收调查数据进行实证分析。研究表明，小型微利企业所得税优惠政策可以显著提高企业的净利润、固定资产净收益率以及固定资产投资水平。刘啟仁等（2019）以2010～2016年A股上市公司为样本，分析2014固定资产加速折旧政策对企业固定资产投资行为的影响。结果表明，固定资产加速折旧促进了企业的固定资产投资，提高了企业增加自购固定资产的比例，促进企业技术升级，推动了供给侧结构性改革。关于增值税优惠政策方面，聂海峰和刘怡（2009）利用双重差分法分析了增值税转型改革对中部6个省份企业投资的影响。结果发现，增值税转型对企业投资和就业均有显著的正向影响，其中企业投资增加1.6%~3.5%，就业增加3%。许伟和陈斌开（2016）则采用固定效应模型加工具变量的方法，评估了2004~2009年增值税转型对企业投资的影响。结果发现，增值税有效税率降低1%，企业投资则会增加16%。申广军等（2016）考察了2009年增值税改革中的税率变化对企业的影响。研究发现，降低增值税有效税率短期内会刺激企业的固定资产投资。这些研究均证实了税收优惠对企业投资能够产生影响。

近几年，我国企业的投资结构发生了深刻的变化，随着资本市场的发展和完善，资本的趋利性使企业投资行为产生了结构性变化，呈现出倾向于权益性投资的特点，投资结构的变化直接影响企业短期盈利水平和长期生产经营活动（付文林和赵永辉，2014）。出现这一变化的原因，一方面是由于投资资本回报率的变化，固定资产和研发投资因为投资规模大、结果不确定性，以及资本回收周期长等特点，短期投资回报率低于权益性投资回报率；另一方面是由于税收制度的引导，现有税收制度对企业持有长期权益性投资的投资收益实行一系列免税政策，以及相关税收征收管理规定也增强了企业权益性投资偏好。付文林等（2014）考察了税收激励对企业投资结构偏向的影响，结果发现，企业投资支出具有偏向权益性投资的倾向，税收激励会对企业投资产生激励效应，且对权益性投资的激励程度显著大于固定资产投资的激励程度。而程静和陶一桃（2020）认为所得税税率优惠提高了企业固定资产投资和研发投资偏好，降低了权益性偏好，尤其所得税税率优惠对制造业研发投资偏好的增强作用大于软件和信息服务业。

4. 关于税收优惠的出口效应研究

税收优惠对于减轻企业出口成本，提高进出口贸易便利程度具有重要作用。企业通过出口能够获取新技术，即表现为“出口学习效应”，从而激励本土企业的研发创新，实现技术创新效率的提升。我国现行对企业外贸出口的税收优惠政策主要涉及关税的减免税政策和增值税的减免政策两个方面。学界的研究也主要侧重于上述两个方面开展研究。

关于关税减免对出口的影响研究，关税减免不仅能够提高制造业贸易企业的成本加成即提高利润率（余淼杰和袁东，2016），而且享受了关税减免政策的出口企业有更多的资金用于提高生产率和降低成本，增强在国际市场上的竞争力，增加出口贸易规模。但维持现行的关税水平对企业出口是不利的，必须进行关税减免（李钢和叶欣，2017）才能更好地与世界贸易规制对接。赵等（Chao et al.，2001）、陈等（Chen et al.，2006）分别将关税减免纳入长期均衡的出口需要模型和博弈论分析框架，探究发现关税减免额与出口量之间存在显著的正相关关系。王孝松等（2010）、白重恩等（2011）、钱德拉和隆（Chandra and Long，2013）分别以中国不同时期的出口退税率作为政策节点，研究发现出口退税率对出口具有很强的调节作用，退税率的提高能够显著促进出口增长。

在增值税减免税影响方面，随着我国增值税全面转型，也必然会对企业出口产生深刻影响（高培勇，2009）。增值税允许税前抵扣的实施能够在开放经济下通过促进企业投资，提高企业出口规模（Liu et al.，2015）。当外贸加工型制造业企业的份额不断加大时应当调整增值税（Koopman et al.，2012）以进一步降低税收负担和企业成本，促进制造业企业的外贸出口。杨慧海（2020）通过研究发现，增值税有效税率降低能够提高企业的出口倾向和出口绩效。陈瑾等（2021）以我国东北三省增值税改革作为政策冲击，研究发现增值税改革的减税效应能够显著影响企业出口动态，对于企业扩大出口具有重要作用。

可见，现有文献仍然缺少探讨企业所得税优惠政策对出口的直接影响。在间接研究方面，贝尔尼尼和特雷比奇（Bernini and Treibich，2016）利用我国税收改革作为工具变量探究了投资对企业出口的影响。研究发现，企业所得税率降低50%，企业出口规模将增加6%。费德里西等（Federici et al.，2014）基于意大利数据研究发现，所得税率提高会提高出口企业的利润率门槛，并在扩展边际及集约边际上抑制企业出口。

5. 关于税收优惠的绿色发展效应研究

税收优惠是促进企业绿色发展与绿色转型的重要环境规制工具，对于企业实现高质量具有重要推动作用。税收优惠能够降低企业在购买环保设备、从事环保技术的研发和服务及资源综合利用方面的成本，提升企业从事绿色技术研发和服务的积极性，从而达到企业技术创新效率的目的。学界关于税收优惠与企业绿色发展关系的研究，主要围绕税收优惠与企业绿色发展效率、税收优惠与企业节能减排之间的关系开展研究。

关于税收优惠对企业绿色全要素生产率的影响研究，李振洋等（2020）基于制造业分行业的面板数据，探究了税收优惠政策对制造业绿色全要素生产率的影响。研究结果表明，税收优惠并未能起到激励制造业绿色全要素生产率的作用。

关于我国税收优惠与企业节能减排关系的研究，主要从规范分析和实证分析两方面开展。规范分析方面，周金荣（2009）通过借鉴国外税收政策，提出了构建我国节能减排的税收优惠政策框架；凌岚（2010）通过对比分析发展中国家与发达国家节能减排税收的实践基础，基于发达国家税收优惠政策为构建我国绿色税收体系提出了具体建议；王金霞（2013）认为碳税优惠政策可以提高企业的节能减排效果。实证分析方面；郭存芝等（2012）运用因子分析法，验证了税收减免促进了企业节能效率的提升。郭存芝（2012）基于减免税调查数据，研究发现，税收减免率对企业减排效率具有正向促进作用；周武星等（2015）基于我国2008～2010年的省级面板数据，考察了税收优惠对节能减排效率的影响，研究表明，税收优惠对企业节能减排效率具有明显的提升作用；国际货币基金组织（2016）认为提高税收优惠力度可显著提高企业绿色全要素生产率。

1.2.2 税收优惠对企业技术创新效率的影响效应

税收优惠是激励企业技术创新效率的重要政府宏观调控工具。我国企业的税收优惠政策旨在减轻企业成本负担，鼓励创新、改善供给质量进而提升技术创新效率。税收政策扶持企业发展的最终途径和方法，需经由技术创新效率提升这一环节。技术创新效率是税收优惠对企业发挥作用的重要检验标准。一般来说，政府的税收行为会对企业的生产经营活动产生扭曲作用，且这种扭曲作用会随税率的提高而增大（Kleven and Waseem，2013）。因此，当税率下降时，企业生产经营活动受到的扭曲程度降低，生产效率提高。学界关于税收优惠对企业技术创新效率的影响研究主要围绕综合税收优惠、企业所得税税收优惠、增值税税收优惠和绿色税收优惠四个方面。

1. 综合税收优惠

在综合税收优惠影响企业技术创新效率的研究方面，李彦龙（2018）关于税收优惠政策对高技术产业技术创新效率的影响进行研究，结果发现，税收优惠政策对技术创新效率有显著正影响，并且能够带来研发效率和市场转化效率的提升。刘金全和张龙（2019）采用混频动态因子模型，通过技术创新效率分解项测算出我国的经济增长质量指数，验证了“总量调控＋结构优化”的结构性减税政策能够提高经济增长质量。李雪冬等（2018）采用PSM方法，检验税收优惠强度对技术创新效率的影响是否存在门槛，研究发现，企业要素供给质量对税收优惠强度影响企业生产率方面存在门槛效应。

2. 企业所得税税收优惠

关于企业所得税税收优惠对企业技术创新效率的影响效应方面，学界主要分为两种观点，一种是企业所得税税收优惠对技术创新效率具有促进作用，库姆斯等（Combes et al.，2010）认为税收作为政府收入来源的主要渠道之一，较高的税收有利于政府增加交通基础设施、公共设施等改善企业外部环境的投资，易于形成经济集聚从而促进企业技术创新效率的提高。于文超等（2015）认为减税会降低企业的交易成本，提高企业的税后净收益，增加企业生产经营的积极性，从而促进企业技术创新效率提高。另一种观点则认为企业所得税税收优惠对技术创新效率具有抑制作用，王春元等（2018）基于双重差分模型检验企业所得税税收优惠政策对企业技术创新效率的影响。研究发现，企业所得税税收优惠政策对企业技术创新效率存在抑制作用。杨国超等（2020）认为高新技术企业所得税税收优惠税率对于“伪高新技术技术企业”的技术创新激励作用显著减弱。

关于企业所得税税收优惠对技术创新效率的实证分析方面，艾佛拉特（Everaert，2015）等研究了财政政策对技术创新效率的作用路径，发现降低企业所得税税率能够促进技术创新效率的改进。张俊瑞和陈怡欣等（2016）通过SFA方法将技术创新效率分解为技术创新效率和规模配置效率，研究发现，研发费加计扣除能够提升高新技术企业创新效率，但对非高新技术企业不存在显著促进作用。吴辉航等（2017）基于1998～2007年国有企业微观数据，评估了西部大开发税收优惠政策对企业影响。研究表明，名义税率下降1%，将会导致企业技术创新效率平均提高0.38%～0.75%。此外，小企业的减税效应要高于大企业。郑宝红和张兆国（2018）基于2002～2015年沪深两市A股上市公司面板数据，分析了企业所得税率降低对技术创新效率的影响。研究表明，企业所得税税率降低会提高企业技术创新效率。

关于企业所得税税收优惠对技术创新效率的影响效应的激励方向方面，现有文献存在正向和负向和非线性效应三种观点。总体上看，正向效应观点认为税收优惠提升了企业技术创新效率，促进企业技术转型升级。另一种观点认为鼓励创新的减免税会造成“寻租”、研发操纵等负效应。正向效应观点认为，企业所得税减免降低企业资金使用成本，激励企业扩大投资，提高技术创新效率（Auerbach，1989）。薛刚等（2019）基于2010～2016年我国工业企业数据，研发发现，研发加计扣除政策能够提升工业企业的技术创新效率，并且对资源密集型企业的激励效应最为显著。负向效应观点认为，企业为获取减免税而“寻租”，没有将资源用于提高技术创新效率（Rodrik，2004）。杨国超等（2017）认为研发加计扣除税收优惠自带的避税效应会扭曲企业正常的经济行为，过高的研发加计扣除强度会诱导企业因避税目的而进行研发操纵，削弱加计扣除税收优惠政策促进企业技术创新效率提高的政策效果。较低的研发费用加计扣除强度不足以弥补企业进行研发活动所产生的风险和外部性溢出，会削弱企业进行研发创新的积极性，同样不能促进企业技术创新效率的提高（冯梅红等，2015）。非线性效应观点认为，企业所得税税收优惠对企业技术创新效率水平在一定的强度区间内具有正向激励效应，但超过一定强度的税收优惠会使企业产生“惰性”，影响企业研发和创新的主动性，抑制技术创新效率的增长。

3. 增值税税收优惠

在增值税税收优惠影响企业技术创新效率的研究方面，主要分为正向效应和负向效应两种观点。正向效应观点认为，相对于其他流转税，增值税能通过避免重复课税保持税收中性。但实践中的税率差异、征管因素都会影响这一优点的实现，导致资源误置和技术创新效率损失。增值税转型是我国税制改革中相当重要的环节，所产生的税收减免对企业发展具有重要影响。就增值税转型对成本加成率分布的影响机制来看，既然企业间成本加成分布趋于集中能够体现资源配置效率的改善，那么，缩小高成本加成与低成本加成企业之间的差距，就可以有效降低成本加成分布的离散程度，进而改善资源配置效率（Peters，2011；Holmes et al.，2014）。聂辉华等（2009）、卡伊和哈里森（Cai and Harrison，2011）、王（Wang，2013）认为增值税带来的税收减免能够显著激发企业投资意愿，尤其是生产经营性固定资产投资，进而提高了行业内企业的资本劳动比和平均生产率水平。康茂楠和毛凯林等（2019）基于1998～2007年我国微观企业数据，采用双重差分法验证了以增值税转型为代表的税收减免政策改善了制造业的资源配置效率，进一步研究发现，国有企业、劳动密集型企业和一般技术水平企业的资源配置效率提升更为显著。汪卢俊和苏建（2019）基于2000～2015年省级面板数据，研究发现，增值税转型和"营改增"通过减少企业重复征税、促进企业扩大再生产及研发创新、改善经济供给效率，显著提高了经济的技术创新效率。关于负向效应观点，皮戈特和惠利（Piggott and Whalley，2011）分析了加拿大增值税扩围后出现的服务业非正式部门增多而产生的效率损失。陈晓光（2013）认为"营改增"实施的增值税多档税率会造成技术创新效率损失。刘柏慧和寇恩惠（2017）也证实了此结论，通过扩展资源错配模型（Hsieh Klenow模型）得出增值税多档税率会导致技术创新效率平均每年降低1.645%。

4. 绿色税收优惠

关于绿色税收优惠影响企业技术创新效率的研究方面，国内外学界关于绿色税收优惠与企业技术创新效率的关系已有深入探讨，主要聚焦于绿色税收优惠对企业技术创新效率的正向影响、负向影响和非线性影响三个方面。

关于绿色税收优惠对企业技术创新效率的正向影响方面，泰奥菲斯等（Theofains et al.，1996）考察了多元化财税政策对企业技术创新效率的影响，发现税收优惠政策对企业技术创新效率具有显著提升作用。卡尔尼茨等（Czarnitzki et al.，2004）认为税收优惠政策凭借较少的市场干预特点，使企业保留更多的经营决策权，可减少管理成本和"市场寻租"发生的可能，提高了企业技术创新效率对税收优惠的敏感度。约翰斯通等（Johnstone et al.，2010）基于25个OECD国家数据，考察了不同规制政策对可再生能源企业技术创新效率的影响。研究发现，税收减免政策对企业技术创新效率具有正向促进作用。阿斯莫尔古等（Acemolgu et al.，2012）认为碳税税率优惠能够激励企业绿色研发投资，对技术创新效率产生积极影响。何小钢（2014）考察了财政补贴和税收优惠政策对企业绿色技术创新效率的影响，研究发现，相较于财政补贴，税收优惠对企业绿色技术创新效率的提升作用更大。方云峰（2015）考察了直接补助和税收返还政策对企业技术创新效率的影响，研究发现，相较于税收返还，政府补助对企业技术创新效率的正向促进作用更大。张翼等（2019）基于2009～2016年我国30个省份面板数据，研究发现，研发税收优惠能够通过激励作用和尴尬作用对绿色产品创新效率具有显著的促进作用。毕茜等（2019）认为绿色税收优惠对提升企业绿色技术创新效率具有重要的激励作用。绿色税收优惠作为激励性环境规制工具，能够通过减轻企业税负降低企业的技术创新活动成本，提升企业开展以降低污染成本和保护环境为目的的技术创新活动的积极性，实现企业技术创新效率的提升。

关于绿色税收优惠对企业技术创新效率的负向影响方面，贵珂等（Görg et al.，2007）认为研发税收优惠可能对企业技术创新效率产生抑制作用。凯瑟（Kaiser，2012）认为税收优惠政策能够对企业研发投入产生挤出效应，最终不利于企业技术创新效率的提升。赵等（Zhao et al.，2016）通过实证分析，发现税收优惠对制造业企业技术创新效率具有不利影响。解洪涛等（2020）认为资源综合利用税收优惠政策并未真正起到激励企业技术创新效率的作用，究其原因是企业为享受税收优惠政策，在进行废弃物处理时较多地使用低端物理方法处理技术。

关于绿色税收优惠对企业技术创新效率的非线性影响研究，张华等（2014）通过两步GMM方法，对绿色税收优惠与企业技术创新效率的关系进行实证检验。研究表明绿色税收优惠对企业技术创新效率的影响呈倒U形关系。随着绿色税收优惠程度由弱变强，企业技术创新效率逐步提升到最高值之后开始下降。臧传琴等（2015）通过构建面板门槛模型，发现税收优惠与企业技术创新之间呈倒U形关系。刘津汝等（2019）实证检验了税收优惠对企业绿色产品创新效率的影响。研究发现，税收优惠在适度区间内对企业绿色产品创新效率具有显著的正向激励效应。杨仁发等（2019）基于我国30个省份的面板数据，实证检验了税收优惠与工业技术创新效率呈倒U形关系。

1.2.3 税收优惠对企业技术创新效率影响的作用路径

税收优惠对企业技术创新效率影响的作用路径，直接影响税收优惠对企业技术创新效率的作用效果，学界关于税收优惠对企业技术创新效率影响的作用路径研究主要聚焦于融资约束、要素配置、研发投入和人力资本投入四个方面。

1. 融资约束

关于税收优惠通过融资约束影响企业技术创新效率的影响研究方面，大多文献从融资约束视角探讨税收优惠促进企业技术创新效率的机制。由于企业技术创新、组织变革过程存在较多的逆向选择等信息不对称问题，企业需要向外部债权人弥补信息不对称引起的风险溢价，这会导致外部融资成本较高（Atanassov and Liu，2014）。如果企业面临融资约束，则难以推行提高技术创新效率的举措，也会错过许多净现值为正的投资项目。此外，较高的融资成本会增加企业财务风险，约束了企业开展提高技术创新效率的行为。

企业所得税税率降低能够缓解企业面临的融资约束，既降低了企业面临的风险，又为企业扩大再生产提供资金，从而有助于提高技术创新效率（郑宝红和张兆国，2018）。朱星文（2018）认为，企业所得税减免税政策会增加企业内部可用资金，刺激企业增加研发投资。余明桂等（2016）认为税收减免向外界传导积极信号效应，能够通过金融市场机制吸引更多外部融资。可是，莫迪里阿尼和米勒（Modigliani and Miller，1963）提出MM定理，认为负债利息可以扣税，若企业实际税率越高，则企业增加债务可以抵扣更多税收。卡尔森和巴斯拉（Carlson and Bathala，1994）认为减免税政策可能导致企业减少债务融资。2008年我国企业所得税税制改革以后，税收减免使上市公司的带息资产负债率显著下降（欧理平，2017），税率下降的企业主要通过增加未分配利润来降低债务水平（李增福和李娟，2011）。产业政策激励会促使公司内部资金投资与银行贷款现金流敏感性上升，有助于民营企业获得更多的银行融资支持（黎文靖和李耀淘，2014），而且产业政策支持公司增加债券融资（李隋和张腾文，2015）。罗宏和陈丽霖（2012）发现，增值税改革通过对内源融资约束的缓解，改善了企业的外部融资约束，缓解了企业资金压力，有利于企业进行研发创新活动，对企业技术创新效率具有积极影响。林小玲和张凯（2019）采用系统 GMM 方法对我国制造业税收调查数据进行分析，研究发现，企业所得税减免政策通过增加企业内源融资和挤出流动债务融资，实现了技术创新效率的提高。可见，税收减免作为产业政策的手段之一，会影响企业融资结构。

2. 要素配置

根据经济学基本原理，当经济处于完全竞争又不存在外部经济因素作用时，资源配置处于最优状态，税收政策的变化必然对要素配置产生影响。长期以来，学者们倾向于将 TFP 较低的原因归结为采用先进技术的速度相对较慢、不能有效使用和运营技术等传统因素（Aghion and Howitt，1992）。有别于此，近些年出现了一个新的解释路径，即 TFP 还会受生产要素配置情况的影响（Hsieh and Klenow，2009）。因而，税收优惠通过影响要素配置变化会对技术创新效率产生影响。

关于要素市场配置扭曲影响技术创新的研究主要分为两方面：一是要素市场资源配置扭曲会阻碍技术创新效率高的企业进入市场（盖庆恩等，2015）。在要素市场扭曲的地区，生产利润获得不是依靠效率，而是通过资源错配，降低了技术创新效率低的企业提高生产效率的动机（郑宝红等，2019）。技术创新效率低的企业，通过“寻税收优惠政策”侵占了原本应由技术创新效率高企业享有的市场份额。这无疑会降低高效率企业进入市场的积极性。二是要素市场扭曲使得技术创新效率高的企业难以达到最优生产规模。因要素市场扭曲造成的人力、资金等资源的分配问题并不能完全依靠市场解决（亚当·斯密①，1773）。如此一来，技术创新效率低的企业反而可能获得了较多的要素资源，使得技术创新效率高的企业因资源的匮乏难以达到最优生产规模，降低了生产率高的企业的技术创新效率。部分学者关于税收优惠通过要素配置作用于技术创新效率的研究进行了定量分析。陈烨等（2010）基于 CGE 模型分析，认为增值税改革在促进固定资产投资的同时，也对资本和劳动要素的相对价格形成扭曲，产生资本对劳动的替代效应，对技术创新效率产生负效应。而程子健（2011）通过建立价格模型，研究发现，“营改增”扩围到生产性服务业，能够打通经济中的税负抵扣链条，降低税负

① ［英］亚当．斯密．国富论［M］．唐日松译，北京：华夏出版社，2009：102－106.

对资源配置效率的扭曲，最终实现全社会内技术创新效率的提升。白彦锋和陈珊珊（2017）构建了包括家庭、中间品厂商、最终品厂商、中央银行以及财政部门在内的动态随机一般均衡模型，研究表明，“营改增”不仅可以避免重复征税，也促进了产业分工和第三产业的融合，提高了资源配置效率和技术创新效率。

3. 研发投入

研发投入是企业技术进步的关键性因素，对提高技术创新效率具有重要影响。但研发投入需要投入大量的资金，并且存在沉没成本和溢出效应。企业往往由于资金短缺，激励机制不完善，造成研发投入不足。税收优惠通过研发投入对技术创新效率产生的影响路径表现在两个方面：一是税收优惠能够激励企业增加研发投入。税收优惠提高了企业税后净收益，意味着企业市场份额扩大将会得到更多收益。在此激励下，企业可能会为了获得更多的市场份额，增加研发投入或从事风险更高的研发项目（Mukerjee et al.，2017；刘伟忠等，2019）。二是能够为企业增加研发投入提供资金支持。税收优惠能够直接增加企业现金流，使得企业增加研发投入成为可能（Carpenter and Petersen，2002；王春元和叶伟巍，2018）。

税收优惠通过降低创新成本和增加企业现金流等途径促使企业研发投入增加，但也有可能对研发投入产生其他影响，最终会影响企业技术创新效率的变化。通过文献梳理，关于税收优惠对企业研发投入影响效应的研究归纳为正向效应、负向效应、门槛效应三种观点。关于正向激励效应方面，程瑶等（2018）基于2015年A股上市公司数据，采用PSM和OLS回归法分别估计税收优惠对研发投入的政策效应，结果均表明税收优惠对企业研发投入具有正向激励效应。关于负向激励效应方面，王春元（2017）利用我国2010～2015年沪深上市公司中信息技术、制药、生物科学等行业企业的面板数据，运用双重差分模型分析2013年正式实施的税收优惠政策效果，认为税收优惠对国家重点扶持的小微高新技术企业研发投入具有抑制效应。关于门槛效应方面，冯海红等（2015）利用我国2000～2012年28个制造业大中型工业企业的面板数据建立固定效应和随机效应模型，研究表明当税收优惠力度小于12%时，对研发投入的促进作用呈递增趋势；当税收优惠力度超过12%时，会对企业研发投入产生显著的负向激励效应，税收优惠力度每增加

1%，企业研发投入规模则会降低 0.829%。

针对不同税收优惠政策对企业研发投入的影响，国内外学者从企业所得税税率优惠、研发费用加计扣除、增值税转型以及固定资产加速折旧等政策展开研究。企业所得税税率降低是一种直接税收优惠类型，税率降低政策通过价格机制传递给企业，引导其在追求自身利益最大化的同时按照政府调控目标进行生产经营活动，从整体上降低了企业的创新成本，有利于激励企业增加研发投入开展技术创新活动，提升企业技术创新效率水平（Hall et al.，1967）。而研发费加加计扣除是一种间接税收优惠类型，可以在税前扣除，降低了企业所得税负担，产生的税盾效应可以刺激企业增加研发投入（Mansfield，1986）。冯泽等（2019）采用 PSM－DID 方法，验证了研发费用加计扣除对中关村科技型企业的研发投入具有显著提升作用。刘行和赵建宇（2019）认为增值税转型改革会增加企业可支配现金和企业的研发投入，促进企业技术创新。李昊洋等（2017）以 2000～2015 年 A 股上市公司为样本，研究发现，固定资产加速折旧政策对企业研发投入具有显著正效应。

4. 人力资本投入

人力资本投入是企业技术进步和技术创新效率提高的决定性因素，对企业技术创新效率的提高有着重要的影响（李平，2016）。税收优惠通过人力资本投入对企业技术创新效率的影响体现在两个方面：一是激励员工。企业税收经济学认为，企业所承担的税费最终会转嫁出去，其中一部分会通过减少福利、薪酬等方式转嫁给员工（王娜等，2013）。税收优惠政策之后转嫁给员工的费用随之降低，人员薪酬等福利待遇可能会增加，对员工产生了激励作用，有助于提高技术创新效率。二是提高员工技能。企业所得税税率降低提高了税后净收益，这会促使企业开展更多提高企业技术创新效率的行为，如增加对员工的培训、拓展员工提升专业技能的途径等。

学界关于税收优惠通过人力资本投入作用于技术创新效率的研究主要分为正向效应和不具有明显效应两种观点。关于税收优惠通过人力资本投入对企业技术创新效率的正向激励效应观点，李昊洋等（2017）基于 A 股上市公司数据，构建 DID 模型实证检验了固定资产加速折旧政策对企业技术创新的影响。研究发现，固定资产加速折旧政策通过促进研发人员投入对企业技术创新效率产生积极作用。郑宝红等（2018）

基于我国上市公司企业数据，通过构建 PSM - DID 模型实证分析，研究发现，企业所得税税率的降低可通过增加人力资本投入提升企业的技术创新效率。许先普等（2020）基于我国 30 个省份的面板数据实证分析，研究表明，所得税减免能够通过人力资本积累的路径提升企业技术创新效率。关于税收优惠通过人力资本投入对企业技术创新效率不具有明显效应观点，高涓等（2019）认为税收减免未能通过影响人力资本对企业技术创新效率产生作用。高新伟等（2020）基于沪深 A 股新能源上市企业数据，研究发现，研发人力投入在税收优惠促进企业技术创新效率的过程中未起到中介作用。

1.2.4 文献评析

综上所述，国内外学者从“税收优惠的经济效应”“税收优惠对企业技术创新效率的影响效应”“税收优惠对企业技术创新效率影响的作用路径”三个方面取得了富有成效的研究成果，对该领域的进一步深化研究具有重要的借鉴和启示作用。既有研究主要在以下方面取得了进展：

第一，关于税收优惠的经济效应研究，学者们分别从经济产出效应、研发投入效应、投资效应、出口效应四个层面做了细化研究。通过对上述内容的分析，凸显了税收优惠与技术创新效率之间的层层关联性，不仅丰富了相关研究成果，而且为后续进一步深入探讨税收优惠对企业技术创新效率的影响及两者间的作用路径奠定了坚实的基础。

第二，关于税收优惠对企业技术创新效率的影响效应研究，学者们根据税收优惠政策的分类，从综合税收优惠、企业所得税税收优惠、增值税税收优惠、绿色税收优惠角度予以了充分讨论。同时，基于不同政策实施背景、不同期限跨度和不同研究方法的探索较为全面、系统地涵盖了税收优惠对企业技术创新效率影响的研究现状，为进一步深入分析税收优惠对企业技术创新效率的影响效应、传导机制及作用路径提供了强有力的理论支撑。

第三，关于税收优惠对企业技术创新效率的作用路径研究，国内外学者们主要从要素配置、融资约束、研发投入和人力资本投入方面对税收优惠的作用路径研究进行了全面探索，研究成果颇丰。上述研究成果为深入剖析影响企业技术创新效率的作用路径和传导机制提供了有益的思路。

然而，现有研究仍难免存在部分不足和需完善之处，针对已有研究不足，本书需要从以下几方面进行深入研究。

第一，细化税收优惠政策对企业技术创新效率的影响研究。已有文献着重分析了税收优惠对企业技术创新效率的整体影响，并未分类考察各类税收优惠政策的影响效果。由于各类税收优惠的政策内容、政策目标、适用对象等存在差别，应具体分析各类税收优惠对企业技术创新效率的影响。为此，本书选取与企业技术创新关联的研发费用加计扣除、高新技术企业所得税优惠税率、绿色税收优惠三类税收优惠政策，探究了三类税收优惠政策对企业技术创新效率的影响，并依据具体税收优惠的政策内容选取合适样本和设定具体模型进行了实证分析。

第二，税收优惠对企业技术创新效率的传导机制有待于深入研究。已有文献着重分析税收优惠与企业技术创新效率的关系，更多研究考察了税收优惠对企业技术创新的直接影响，并未深入挖掘其中的机制作用。缺乏传导机制的研究，不利于本书全面性地认识税收优惠对企业技术创新效率的实施效果。本书先从理论上分析成果转化机制、产品市场机制、绿色发展机制的概念及促进作用，后在实证分析中检验了税收优惠通过上述机制对企业技术创新效率所产生的影响。

第三，重点关注税收优惠对企业技术创新效率的作用路径。已有文献着重税收优惠对企业技术创新效率的直接影响研究，缺乏税收优惠对企业技术创新效率的作用路径研究，会产生对税收政策的激励效应认识不全面的问题。本书考察了税收优惠政策通过研发投入、要素配置、人力资本投入、融资约束等作用路径对企业技术创新效率的影响。补充和完善了现有税收优惠政策对企业技术创新效率影响的研究成果。

第四，进一步完善税收优惠政策对企业技术创新效率影响的异质性分析。已有文献缺乏税收优惠政策对企业技术创新效率的异质性分析，不利于更有针对性地认识税收优惠政策的影响效应。本书基于不同企业特征和外部环境差异，对税收优惠影响企业技术创新效率开展了异质性分析。

1.3 主要内容与研究方法

1.3.1 主要内容

本书以最优税收理论、内生经济增长理论、技术创新理论和外部性理论为研究基础，基于成果转化与产品市场双重视角，阐述了研发费用加计扣除对先进制造业企业技术创新效率的影响机理并提出相应假设，通过实证分析的方法验证了研发费用加计扣除对先进制造业企业技术创新效率的影响效应、传导机制及作用路径。基于产品市场视角，阐述了高新技术企业所得税优惠税率对军民融合企业技术创新效率的影响机制并提出相应假设，通过实证研究的方法对高新技术企业所得税优惠税率与企业技术创新效率的相关性、传导机制及作用路径进行分析。基于绿色发展视角，对绿色税收优惠影响重污染行业企业绿色技术创新效率的机制进行阐释并提出相应假设，通过实证检验了绿色税收优惠对企业绿色技术创新效率的影响效应、传导机制及作用路径。得出结论并提出相关的政策建议。

第 1 章，绪论。本章主要阐述本书的研究背景与研究意义，对已有文献进行系统梳理和评析，归纳本书的主要内容和研究方法，在此基础上绘制技术路线图以明确本书的具体框架，最后明确本书存在的创新及不足之处。

第 2 章，概念界定与理论基础。本章阐述了最优税收理论、内生经济增长理论、技术创新理论与外部性理论，对本书的税收优惠政策与技术创新效率的研究口径进行了界定。从成果转化、产品市场、绿色发展三个维度分析了税收优惠政策对企业技术创新效率的传导机制，为本书研究提供理论支撑。

第 3 章，我国企业技术创新效率：影响因素与发展态势分析。本章论述影响企业技术创新效率的内部因素和外部因素，从投入和产出角度对工业企业成果转化阶段、产品市场阶段和绿色发展阶段的技术创新效率发展态势进行描述性分析，为税收优惠激励企业技术创新效率的研究提供现实基础。

第4章，研发费用加计扣除的影响效应：基于成果转化与产品市场视角的实证。本章基于成果转化机制和产品市场机制的视角，首先阐释研发费用加计扣除政策对先进制造业企业技术创新效率的影响机理并提出相应研究假设，然后通过构建双向固定效应模型以验证研发费用加计扣除对先进制造业企业技术创新效率的影响效应并进行异质性分析，使用替换被解释变量和系统GMM方法等方式进行稳健性检验，之后运用中介效应模型分析研发费用加计扣除通过作用于融资约束、研发投入与交易费用的路径对先进制造业企业技术创新效率产生影响。

第5章，高新技术企业所得税优惠税率的影响效应：基于成果转化视角的实证。本章首先阐释高新技术企业所得税优惠税率对军民融合企业技术创新效率的影响机理并提出相应研究假设，然后通过构建面板固定效应SFA模型以验证高新技术企业所得税优惠税率对企业技术创新效率的影响效应，使用替换被解释变量和引入交乘项的方式进行稳健性检验，之后运用中介效应模型分析高新技术企业所得税优惠税率通过作用于融资约束、企业规模、创新质量和制度环境的路径对企业技术创新效率产生影响，并就军民融合企业技术创新效率的敛散性做进一步研究。

第6章，绿色税收优惠的影响效应：基于绿色发展视角的实证。本章首先阐释绿色税收优惠对重污染行业企业技术创新效率的影响机理并提出相应假设，然后通过构建双向固定效应模型以验证绿色税收优惠对企业绿色技术创新效率的影响效应并进行异质性分析，使用倾向得分匹配法、Heckman两步法、替换被解释变量的方式进行稳健性检验，之后运用中介效应模型验证绿色税收优惠通过作用于环保投资、技术创新投入的路径对企业技术创新效率产生影响，并就技术创新投入替代环保投资的变化趋势进一步研究。

第7章，研究结论与政策建议。对税收优惠政策影响企业技术创新效率的实证分析结论进行系统总结，并针对性提出优化激励企业技术创新效率的税收优惠政策建议。

本书的研究框架具体如图1-1所示。

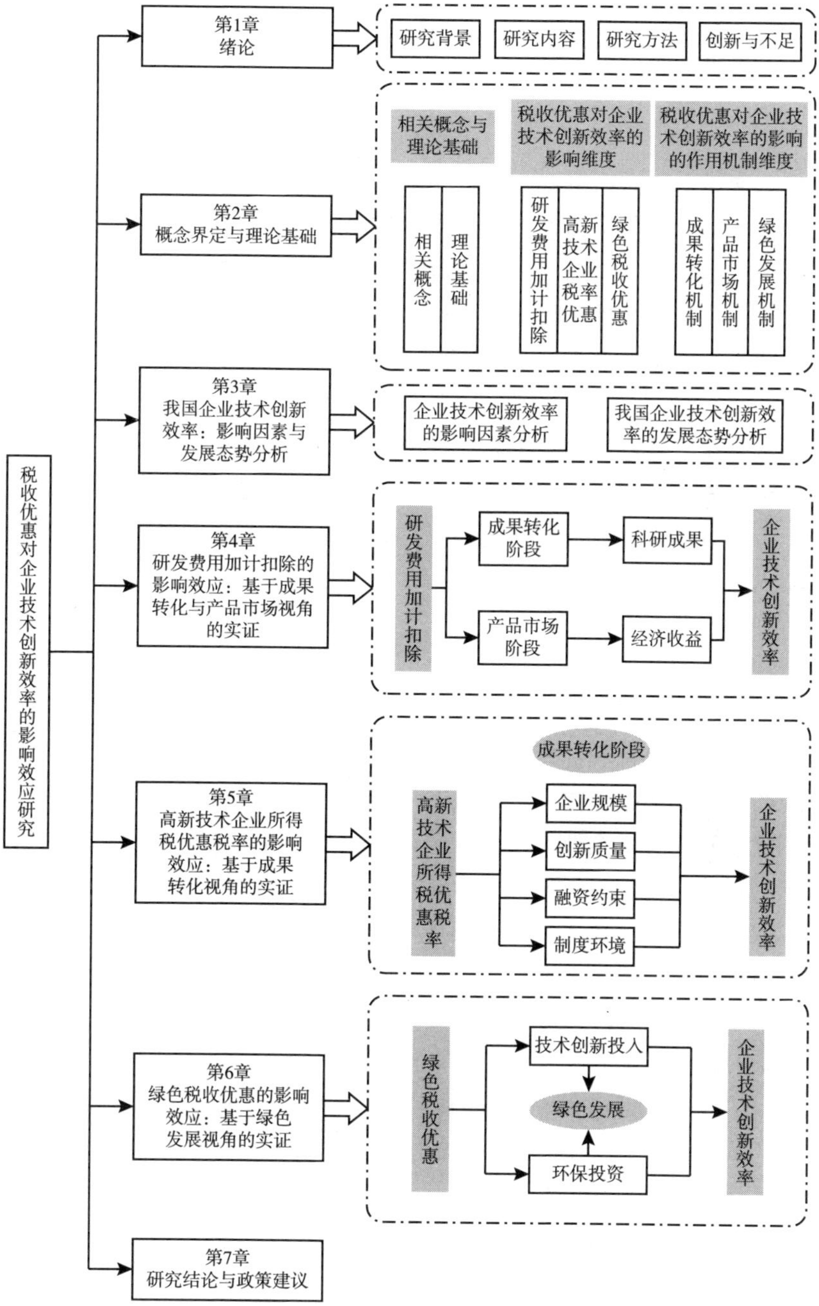

税收优惠对企业技术创新效率的影响效应研究

第1章 绪论
- 研究背景
- 研究内容
- 研究方法
- 创新与不足

第2章 概念界定与理论基础
- 相关概念与理论基础：相关概念；理论基础
- 税收优惠对企业技术创新效率的影响维度：研发费用加计扣除；高新技术企业税率优惠；绿色税收优惠
- 税收优惠对企业技术创新效率的影响的作用机制维度：成果转化机制；产品市场机制；绿色发展机制

第3章 我国企业技术创新效率：影响因素与发展态势分析
- 企业技术创新效率的影响因素分析
- 我国企业技术创新效率的发展态势分析

第4章 研发费用加计扣除的影响效应：基于成果转化与产品市场视角的实证
- 研发费用加计扣除 → 成果转化阶段 → 科研成果 → 企业技术创新效率
- 研发费用加计扣除 → 产品市场阶段 → 经济收益 → 企业技术创新效率

第5章 高新技术企业所得税优惠税率的影响效应：基于成果转化视角的实证
- 成果转化阶段
- 高新技术企业所得税优惠税率 → 企业规模；创新质量；融资约束；制度环境 → 企业技术创新效率

第6章 绿色税收优惠的影响效应：基于绿色发展视角的实证
- 绿色税收优惠 → 技术创新投入 → 绿色发展
- 绿色税收优惠 → 环保投资 → 绿色发展
- 技术创新投入；环保投资 → 企业技术创新效率

第7章 研究结论与政策建议

图1-1 研究框架

1.3.2 研究方法

本书以国内外相关文献为研究基础，基于成果转化、产品市场以及绿色发展视角，研究了税收优惠政策对企业技术创新效率的影响、传导机制及作用路径，并根据企业特征和外部环境差异进行税收优惠政策的异质性影响分析。在具体的研究过程中，主要采用了文献法、规范分析法、实证分析法、描述性统计分析法等方法，有助于保证研究过程的科学性和研究结论的可靠性。

1. 文献法

本书在写作过程中搜集和梳理国内外关于税收优惠影响企业技术创新效率的相关文献，按照研究角度、实证方法以及相关结论等维度进行归类，并对已有文献进行客观评析，为本书的研究框架和研究思路提供了切入点。

2. 规范分析法

综合运用公共经济学、财政学、税收学、计量经济学等多学科的理论分析方法，基于最优税收理论、内生经济增长理论、技术创新理论与外部性理论，对税收优惠与技术创新效率的概念和内涵进行界定，分析了税收优惠影响企业技术创新效率的传导机制，并分别阐释研发费用加计扣除、高新技术企业所得税优惠税率、绿色税收优惠对企业技术创新效率的影响机理，通过构建实证模型进行分析并得出相应的政策建议，为税收优惠政策的技术创新效应评价提供了多元维度视角以及为未来税制改革的定位提供了方向。

3. 实证分析法

通过构建企业的投入和产出指标，运用 SFA 法、DEA 法、Malmquist 指数、GML 指数对企业技术创新效率进行测算，以用于实证分析。采用双向固定效应模型探究研发费用加计扣除对企业技术创新效率的影响、传导机制及作用路径，并进行企业所有权、行业特征、企业特征的异质性分析，运用系统 GMM 法消除存在的内生性问题，并构建中介效应模型进行了作用路径的检验。采用面板固定效应 SFA 模型，实证检验了高新技术企业所得税优惠税率对企业技术创新效率的影响及作用路径，通过收敛检验对企业技术创新效率的变化情况进行分析。采用双向固定效应模型实证分析绿色税收优惠对企业绿色技术创新效率的影响、传导机制及作用路径，采用倾向得分匹配法、Heckman 两步法消除内生性影响，并构建中介效应模型验证了作用路径的存在。依据实证分析得到的研究结论，为政策建议的提出提供合理性依据。

4. 描述性统计分析法

基于我国规模以上工业企业技术创新效率的投入和产出数据，描述性统计分析了 2009 ~ 2018 年我国规模以上工业企业在成果转化阶段、产品市场阶段和绿色发展阶段的投入和产出现状，并从描述性统计分析中总结出规模以上工业企业技术创新效率在投入和产出方面存在的主要问题，为税收优惠激励企业技术创新效率的研究提供现实基础。根据第 4 章、第 5 章和第 6 章研究内容的不同，对每章所使用到的相关变量进行描述性统计，以确保实证分析中数据的稳定性。

1.4　创新点与不足

1.4.1　创新点

第一，研究视角的创新。已有文献侧重税收优惠的总量研究和整体性研究，关于不同税收优惠政策对企业技术创新效率的结构性研究较少，则不利于系统性和针对性考察特定税收优惠政策对企业技术创新效率的影响效应。本书突破现有研究关于税收优惠总量对企业技术创新效率影响效应的局限性，从税收优惠的结构性视角进行考察，聚焦于税收优惠政策的研发费用加计扣除、高新技术企业所得税优惠税率、绿色税收优惠对企业技术创新效率的影响效应分析，丰富和完善现有税收优惠政策体系的研究视角。

第二，研究内容的拓展。已有文献侧重整体税收优惠或单一税收优惠对企业技术创新效率的影响效应开展研究，较少将多种税收优惠政策纳入统一分析框架，不利于更加全面地分析税收优惠政策与企业技术创新效率的关系。本书基于最优税收理论、内生经济增长理论、技术创新理论和外部性理论，从理论层面分别揭示研发费用加计扣除、高新技术企业所得税优惠税率和绿色税收优惠与企业技术创新效率之间的逻辑机理，并分别构建研发费用加计扣除、高新技术企业所得税优惠税率、绿色税收优惠与企业技术创新效率的关联模型，实证检验了上述税收优惠政策对企业技术创新效率的影响效应及传导机制，并得出了具有针对性的结论，对于现行税收优惠政策体系设计具有参考和借鉴价值。

第三，实证分析设计的改进。已有文献从投入和产出角度，构建 SFA（随机前沿）模型测算企业技术创新效率，往往单一投入指标的选择可能会影响企业技术创新效率的准确性，则对实证分析结果产生影响。本书选取多投入指标进行技术创新效率的测算，并使用 DEA（数据包络分析法）、Malmquist 指数、Gml 指数对企业技术创新效率进行替换，验证了本书研究结论的稳健性。已有文献忽略实证分析中存在的内生性影响，将造成实质分析结果出现偏差。本书考虑到税收优惠可能的内生性问题，一方面使用系统 GMM 等前沿的计量方法解决内生性问题，并根据 Sargan 检验策略对该方法的合理性加以确认；另一方面使用 Heckman 两步法，构造具有外生性的指标，有效解决内生性问题。为确保数据的可靠性和准确性，整理搜集企业享受研发费用加计扣除政策数据明细，剔除其他税收优惠政策影响，得到了研发费用加计扣除对企业技术创新效率具有显著提升作用的估计结果，并进行了传导机制和作用路径的检验。综合使用《中国上市公司资质认定研究数据库》和《中国上市公司专利研究数据库》等，确保了高新技术企业认定的准确性，并使用 Wind 数据库和 CSMAR 数据库的企业名义所得税率数据，对企业所享受优惠力度进行测算。在绿色税收优惠政策研究中，综合使用“上市公司年度报告”“企业社会责任报告”“企业可持续发展报告”以及 CNRDS 数据库，手动搜集企业享受绿色税收优惠和申请绿色专利数据，并谨慎处理专利申请的期间归属问题。

1.4.2 不足之处

本书在创新驱动发展战略背景下，基于最优税收理论、内生经济增长理论、技术创新理论、外部性理论，针对最具代表性的研发费用加计扣除、高新技术企业所得税优惠税率与绿色税收优惠政策，具体情况具体性地实证分析了各类别税收优惠政策对技术创新效率的影响。本书虽然得出来了一些有价值的研究结论，但是在研究过程中还存在一些不足之处。

本书的研究不足之处如下：

一是对企业技术创新效率的税收优惠政策内容有待于拓展。限于间接税数据的缺乏，本书在研究税收优惠的技术创新效应中选择了研发费用加计扣除、高新技术企业所得税优惠税率、绿色税收优惠三种政策进行分析，这三类政策与企业技术创新活动的关联性较为直接，具有代表性特点，但不具有全面性。可能低估了税收优惠政策对企业技术创新效率的影响。实际中对企业技术创新具有激励效应的税收优惠政策还包括固定资产加速折旧、增值税税收优惠等内容，特别是关于企业享受的增值税优惠，企业购买研发仪器等大型固定资产的进项税额付款和出口自行开发的高新技术产品给予的销项税减免等数据无法从年报或企业公开披露的信息中获取。因此，在实证分析部分，间接税对企业技术创新效率的影响效应没有被体现。在日后议题研究中，应当在现有基础上拓展间接税对企业技术创新效率的研究，对于全面把握税收优惠政策对企业技术创新效率的影响具有重要意义。

二是存在对绿色税收优惠测算偏高的问题。由于绿色税收优惠概念和衡量标准不一，目前，不同学者对绿色税收优惠概念的认识，主要分为狭义绿色税收优惠、中义绿色税收优惠和广义绿色税收优惠。本书由于数据获取的限制，使用的是广义绿色税收优惠，以是否享受绿色税收优惠的虚拟变量进行实证分析，可能会对我国绿色税收优惠程度的测算偏高。随着今后数据披露程度的提升，应当以企业享受的绿色税收优惠程度的数值衡量，能够更为精准地考察绿色税收优惠激励企业技术创新效率的影响效应。

第 2 章　概念界定与理论基础

本章的内容主要分为两个部分：第一部分是相关概念界定与理论基础。概念界定是界定本书研究口径的重要环节和依据。本章首先对税收优惠和企业技术创新效率的概念和内涵进行全面性界定。理论基础是本书研究的原理性分析和理论支撑，并对研究的理论基础从最优税收理论、内生经济增长理论、技术创新理论和外部性理论进行阐释。第二部分是关于税收优惠政策对企业技术创新效率的传导机制的理论分析。第二部分是实证分析的一个必要环节，探究了税收优惠政策对企业技术创新效率的传导机制。

2.1　相关概念界定

2.1.1　税收优惠的内涵

税收优惠一般是指政府考虑当前及未来的经济社会发展目标，通过制定倾斜性的法律、法规或政策对某些特定纳税主体给予的税收激励和扶持措施。本书的税收优惠特指为鼓励企业技术创新，对纳税主体的技术创新活动以优惠待遇规定的法律、行政法规、部门规章及规范性文件的科技创新税收优惠政策。税收优惠政策实施的主体是政府，实施对象是企业，实施目的是通过引导企业技术创新行为达到提升企业技术创新效率的目的。

税收优惠对宏观经济和微观经济均产生重要作用。从宏观经济看，税收优惠能够降低宏观经济的税负，以促进经济的发展：一是税收优惠提高了生产要素收益率，增加了生产要素的供给和需求，从而促进经济增长；二是税收优惠对生产率高的部门的作用弹性更大，促使生产资源逐步向生产率较高的部门集聚，从而达到优化经济结构的目的。从微观经济看，在既定的税制下，无论使用何种税收优惠政策都会使符合规定的企业的税负降低。企业的税负会影响企业的生产经营行为，例如企业的投资、人力资源的使用等，进而会影响到企业的技术创新效率。由此，税收优惠政策对企业技术创新效率的影响机制表现为：税收优惠—企业净现金流入增加—改变企业的生产经营活动—影响企业的技术创新效率。

从我国激励企业技术创新的税收优惠政策的发现演变和历程来看，我国于1986年出台的主要针对外商投资企业的《国务院关于鼓励外商投资的规定》和1988年出台的试点高新技术开发区内企业的税收优惠政策，标志着我国激励企业技术创新税收优惠政策的形成。随着经济形势变化和税制体系改革和优惠政策体系的不断完善，我国已形成主体适用范围不断扩大、优惠力度持续加大，覆盖多税种的税收优惠政策体系。这些政策更多的是政府根据经济形势变化相机抉择的结果，具有多元性和灵活性特点。现行优惠政策覆盖税种以企业所得税为主，同时涉及个人所得税、增值税、关税、消费税、房产税和印花税等税种。现行税收优惠方式既包含优惠税率、定期减免、超额返还等直接税收优惠，也包括研发费用加计扣除、固定资产加速折旧等间接税收优惠。现行税收优惠政策激励范围呈现出扩大化、多元化趋势，既包括对产业的税收激励，又包括对创新人才的激励，还包括对创新领域投融资的激励等。《工业企业科技活动统计年鉴》数据显示，2009年我国高新技术企业减免税和研发费用加计扣除减免税分别为260.52亿元和150.41亿元，到2016年高新技术企业减免税和研发费用加计扣除减免税分别达到782.82亿元和488.98亿元，年均增长率高达17.0%和18.3%，能够反映出我国激励企业技术创新的税收优惠规模不断扩大。其中，不同税收优惠政策类型因其政策目标、政策内容和适用对象的不同所产生的影响效果必然存在差异。

本书研究对象是税收优惠政策，应对本书研究的税收优惠政策口径进行界定。研发费用加计扣除政策只需企业满足研发过程中的费用和人员比例的规定，对其他条件限制较少，是我国激励企业技术创新中一项普惠性和实用性较强的税收优惠政策，能比较好地起到激励企业技术创新效率的目的。高新技术企业所得税优惠税率政策是一项典型的选择性产业税收优惠政策，对于推动和引导企业开展技术创新、提升企业技术创新效率较有成效。绿色税收优惠作为一种新型的激励企业技术创新的税收优惠政策，具有环境保护和绿色经济发展的双重优势，是引导企业实现绿色技术创新和绿色发展的重要支撑。根据政策的普惠性、产业性和引导性的特点，将本书的税收优惠政策口径界定为研发费用加计扣除、高新技术企业所得税优惠税率、绿色税收优惠三种政策，来考察对企业技术创新效率的影响。

1. 研发费用加计扣除

我国目前的税收优惠按照优惠方式分类，分为税基式、税率式和税额式三种。研发费用加计扣除是企业所得税的一种税基式优惠方式，研发费用加计扣除是按照税法规定，在开发新技术、新产品、新工艺发生的研究开发费用的实际发生额基础上，再加成一定比例，作为计算应纳税所得额时的扣除数额的一种税收优惠政策。我国研发费用加计扣除政策中规定的研发费用是指在研发活动中投入的全部经费，研发所需要的人力资本消耗除外。从科技角度看，研发活动包括基础研究、应用研究和试验发展三种活动。从会计上看，企业内部研发活动区分为研究与开发活动，相应形成了研究费用和开发支出。研发费用则是指企业的研究费用与开发支出合计。随着研发活动和研发费用范围不断扩大、研发费用加计扣除会计核算程序不断简化，研发费用加计扣除政策已成为我国激励企业开展研发活动、提升企业技术创新效率的重要政策工具之一。研发费用加计扣除政策能够通过增加企业资金收入促进企业增加研发投入，开展研发创新活动进而提升企业技术创新效率。

2. 高新技术企业所得税优惠税率

高新技术企业所得税优惠税率作为一种税率式优惠，是指根据《高新技术企业认定管理办法》所认定通过的企业，享受所得税率由25%降低至15%的优惠政策。该政策旨在通过降低企业税负鼓励企业开展研发投资，持续进行研发与技术成果转化，提高企业自主创新能力和技术创新效率，并以此为基础开展生产经营活动。与研发费用加计扣除政策不同，高新技术企业资格自颁发证书之日三年内均可享受高新技术企业所得税优惠。企业在认定为高新技术企业后，可以在期满前三个月内提出高新技术企业复审申请继续享受优惠政策。高新技术企业所得税优惠税率不仅可以对微观企业的研发活动，而且也会对企业技术创新效率提升起到正向激励作用。高新技术企业所得税优惠税率政策是一项典型的选择性产业税收优惠政策，对于推动和引导企业开展技术创新，提升企业技术创新效率具有重要作用。

3. 绿色税收优惠

绿色税收的概念最早可以追溯到福利经济学创始人 Pigou 在 1920 年出版的《福利经济学》提到的“环境税”一词。他认为使用税收手段把私人成本低于社会成本的环境污染问题所产生的负外部性内部化，并以真实社会边际成本的价格来对抗污染者。20 世纪 80 年代以后。“绿色税收”这一概念得到广泛使用。荷兰国际财税文献局编著的《IBFD 国际税收辞汇》对绿色税收优惠的概念进行了定义：绿色税收优惠又称环境税收优惠，是指对投资于污染防治或环境保护的纳税人给予一定的税收优惠政策。具体包括基于环境保护而给予的各种税收优惠措施。本书所称绿色税收优惠，是指政府为达到污染防治和环境保护目的而实施的税收优惠政策，目的在于使企业在进行生产决策时能够将环境污染等外部成本考虑在内，从而解决生产过程中引发的环境污染问题。

我国目前对绿色税收优惠内涵的界定主要有广义、中义和狭义三种。广义的绿色税收优惠是指与保护生态环境、合理开采利用能源资源有关的全部税收优惠的集合。其中也涉及解决环境问题所采取的收费等措施。本质上，广义绿色税收优惠包含了狭义和中义两个层面的含义，实际上指的是一种绿色税收优惠体系，具体包括环境保护税、资源税、消费税、企业所得税、耕地占用税、城市维护建设税等。中义绿色税收优惠是指国家政府依据其开发利用资源环境强度和破坏环境程度的标准，向一切在市场经济中利用环境和自然资源的单位进行减免税收的一种税收形式，主要包括资源税和环境保护税，是一般意义上的生态税收优惠制度。狭义的绿色税收优惠是指国家为了保护生态环境、治理污染和限定环境污染的范围、减少环境污染程度，专门针对排污企业而征收的环境保护税。绿色税收优惠政策是政府对于企业开展环境保护活动给予的一种间接补贴，鼓励企业自主选择绿色投资的环保项目与设备，不仅能降低绿色转型的成本，又能促进企业绿色发展、提升企业技术创新效率。绿色税收优惠政策作为一种新型激励企业技术创新的税收优惠政策，具有环境保护和绿色经济发展的双重优势，在减轻企业绿色投资成本的同时，能够推动企业实现绿色创新发展，从而达到提高企业绿色技术创新效率的目的。

2.1.2 技术创新效率内涵

经济学意义上的效率是将各生产要素进行合理化投入之后实现的要素最大化利用。随着理论的发展，不同时期、不同经济学派对“效率”的内涵界定也不断拓展。古典经济学派最早关注到效率，认为用于解释效率的因素较为单一，这些因素包括劳动力、资本等。新古典经济学派从新的视角研究效率，他们将资源配置观点引入效率的研究之中，认为效率的高低是由资源配置的程度所导致的，资源配置相对均衡合理的产业，其效率自然也就越高。随着新经济增长理论的发展，效率被赋予了新的经济含义，经济学家将效率与经济学的边际概念联系起来，将经济效率统称为边际生产率。

最早系统地研究效率理论的是法雷尔，他在 1957 年提出，厂商的生产效率包括两部分，即技术效率和配置效率。其中，技术效率（technology efficiency，TE）代表技术进步水平，反映了生产过程中投入单位要素获得最大产出的能力。法雷尔从投入角度出发，认为技术效率是指“在相同的产出下生产单元理想的最小可能性投入（CL）与实际投入（CS）的比率”。用 TEI 表示技术效率，则：

$$TEL = \frac{CL}{CS} \tag{2-1}$$

莱宾斯坦（1966）进一步对技术效率概念进行了更为准确的界定，提出，“技术效率是指在投入规模、投入要素比例以及产出价格都不变的前提下，实际产出水平与所能达到的最大产出量的比率”。他的这一定义更为准确。尽管此后还有一些学者对技术效率进行了研究，不过，目前大多学者都接受法雷尔和莱宾斯坦对技术效率的界定。综合上述两个概念，可以将技术效率定义为：在各种投入要素给定的情况下得到最大产出的能力或者在一定的产出水平下投入最小化的能力。

技术创新效率是近年来国内外学界研究的热点问题之一。技术创新效率的概念最早是由阿弗里亚（Afriat，1973）提出的，创新性地将生产前沿面模型应用到技术创新理论研究中，认为技术创新效率是技术创新行为的投入产出比，往往和生产可能性边界紧密联系在一起。技术创新效率意味着要实现技术创新过程“既定投入的最大产出”或“既定产出的最小投入”。在此后的研究中，学者们对于技术创新效率的界定基本沿袭了阿弗里亚的观点，将技术创新效率定义为“技术创新过程中各种要素投入—产出的转化效率”，这个概念所反映的是技术创新资源对技术创新产出的贡献程度，也就是将各种技术创新资源转化为市场所需要的商品或服务的配置效率。

20 世纪 90 年代，我国学者对技术创新效率的内涵开始了较为系统的研究。柳卸林（1997）将技术创新效率界定为经济成果的新产品利润除以总利润得到比值，研究发现，我国的技术创新效率偏低的原因是技术创新与经济发展严重脱节，从而科技转化为经济成果的效率较低。池仁勇等（2004）认为，技术创新效率也是一种相对效率，在本质上属于创新要素投入和经济成果产出问题，但是由于创新投入要素以及经济产出成果种类较多且量化难度较高，因此进行定量的效率测度难度较高。为解决这一问题，将应用于工业的生产前沿面模型引入技术创新模型中进行技术创新效率的测速。李艳玲等（2005）认为技术创新效率就是单位创新资源投入的经济成果产出率，效率越高的企业其技术创新水平和生产经营效益也就越高。

基于整个技术创新过程，企业技术创新系统将投入不断地转换为产出。本书认为企业技术创新效率就是技术创新所得的产出与所投入的比例。企业技术创新系统的实质是将创新投入不断转换为创新产出，技术创新的产出与所投入的比例衡量了整个技术创新过程的效率。技术创新效率是资源配置效率的重要衡量指标，企业在技术创新过程中的资源配置效率可以用技术创新效率来反映，即企业在技术创新产出过程中的资源创新方面所做贡献的程度。企业技术创新效率的内涵概况为如下：一是在企业技术创新过程中，资源投入和产出的状况以及分配和利用资源的效率；二是企业的技术创新水平与其创新资源的匹配程度。企业技术创新投入和产出是多量纲的，所以衡量技术创新的绝对效率具有一定难度。当同时满足以下两个条件时，企业技术创新效率将达到最佳：一是提高产出量至少使一种或多种创新投入量增加或使其他类型的产出量降低；二是投入与产出量之间的关系是守恒的。在实践中，提升企业技术创新效率的目标是达到生产前沿水平。技术创新效率是在特定的投入情况下，对某一企业或地区进行衡量的技术产出的效率，其与距生产前沿的距离成反比关系。如果企业的技术创新效率低，即使企业创新投入再大，也是人力和物质资源、财务资源和其他有价值的创新资源的浪费；相反，如果企业可以大幅提高技术创新效率，即便投入较少，也能够实现其自身的创新目标。

2.2 理论基础

本节主要阐述最优税收理论、内生经济增长理论、技术创新理论以及外部性理论的相关内容，从而为税收优惠对企业技术创新效率的影响效应研究提供理论基础。

2.2.1 最优税收理论

最优税收理论主要是研究政府在权衡公平和效率原则下，如何确定最优税率和税制结构以实现整个社会的资源配置效率最优化。税收优惠政策本质上是减税问题，必然涉及公平和效率的权衡问题。该理论的核心问题是如何选择和设计最优税制以降低税收扭曲和提升资源配置效率，是进行结构性减税的理论基础，对于指导税制设计具有重要作用。因此，最优税收理论是我国制定税收优惠政策的重要理论参考与理论依据。

最优税收理论的研究可以概括为两方面内容：其一，最优税收规模问题，即确定可以使社会福利最大化或经济增长率最大化的税收总额占国内生产总值的比例（宏观税负），以巴罗（Barro，1990）的研究为基础。其二，最优税收结构问题，即政府为满足一定的公共支出向纳税者征税，征收何种税收及确定何种税率水平导致的社会福利和经济增长的扭曲最小，以钱利（Chamley，1986）的研究为基础。钱利（Chamley，1986）在公共支出外生的前提假设下，研究最优税收的确定。巴罗（Barro，1990）在公共支出内生的前提假设下，研究最优税收的确定。以后学者在钱利（Chamley，1986）和巴罗（Barro，1990）的研究基础上，进行了多方面的拓展，并得出了丰富的理论成果，形成了以下三个方面的理论：最优商品税、最优所得税及最优混合税。

1. 最优商品税理论

1927 年拉姆齐在《对税收理论的贡献》中首次提出了最优商品税

这个理论。该理论提出了以下假设：（1）边际效用以固定值来表示；（2）经济体系是处于完全竞争状态；（3）生产和消费一直是一致的；（4）私人与社会纯产品也一直是相同的；（5）税收与财政收入有关，与财政支出无关。通过研究发现得出了等比例规则和逆弹性规则。等比例规则是指如果保证税收额外负担最低，就要相应地对税率进行调整。逆弹性规则要求对需求弹性最小的商品征税，即对需求弹性小的商品征税率高，对需求弹性大的商品征税率低。

基于拉姆齐的等比例规则和逆弹性规则，哈伯格（1964）指出，对具有不同税收弹性的商品进行差别征税，可以使税收总无谓损失最小化。因为中央税在全国范围内实施的是统一税率，因此没有办法实现税收总无谓损失最小化。而地方政府拥有税收立法权，可以基于自身立法权对本地商品税收弹性差异进行差别化的税率设置。图 2－1 是两个地区的拉姆齐法则的税率示意图，标准税收曲线显示了所有地方税种所产生的税收总收入，任何远离原点的一点都代表着更多的税收收入。标准无谓损失曲线的斜率等于无谓损失的边际替代率。任何远离原点的一点都代表着更大程度的无谓损失。拉姆齐最优强调的是在任意给定的税收收入水平下，无谓损失最小化。如图 2－1 所示，给定的税收收入 R_0 下，与标准无谓损失曲线相切的 M 点，即无谓损失最小化的点。拉姆齐线是一条代表最优税率的直线。

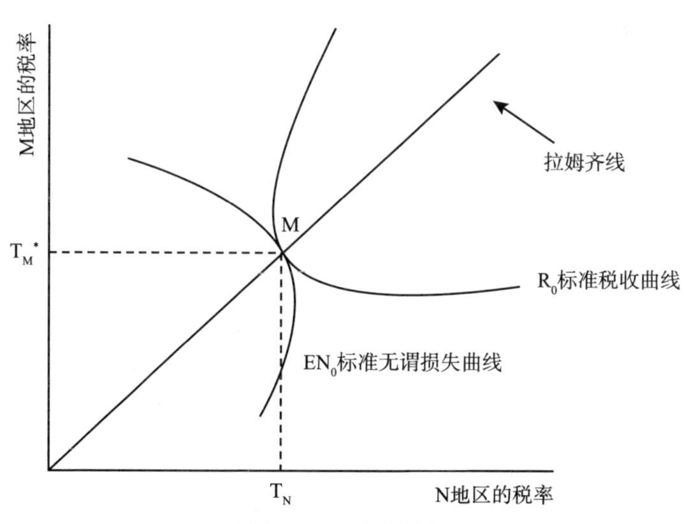

图 2－1　拉姆齐法则

针对拉姆齐不考虑公平的问题，迪亚蒙和莫理斯（Diamond and Mirrlees，1971）、费尔德施泰因（Feldstein，1972），阿特金森和施蒂格利茨（Atkinson and Stiglitz，1976）相继将收入分配问题纳入最优商品税理论研究，认为支出商品税是无法同时实现效率与公平的，进行税制设计过程中要加以整体上的判断。因此，如果一个国家在税收上选择公平优先，就可能违背拉姆齐最优，此时就需要对需求弹性高的商品也征收较高的税，对需求弹性低的商品征收较低的税。基于上述商品税体系无法实现效率与公平的分析，一些学者认为商品税体系仅针对效应，通过其他路径来实现公平（Mirrlees，1976）。迪顿和斯特恩（Deaton and Stern，1986）提出如果想实现效率，可以采用收取商品税的途径，达到公平的目标，可以采取总额补助的模式，两者相结合，就可以兼顾公平和效率。托利森（Tollison，1987）认为税制事实上也给寻租的产生创造了条件，假设差别税率越多，那么寻租现象就会越严重。如果寻租逐渐演变成为一种社会行为，它所导致的社会福利的损失，要远远超过商品税所造成的税负的降低额度。

2. 最优所得税理论

埃奇沃思（Edgeworth，1897）提出了最优所得税理论，该理论提出了四项假定：

第一，社会福利函数是把每个个体效用函数加在一起，假设以 U_i 代表社会上第 i 个人的效用，相应地得出的社会总的福利为 $W = \sum_{i=1}^{n} U_i$。

第二，每个人的效用函数都是一样的。

第三，效用代表的是收入的增函数，同时这个函数为严格的凹函数，也就是收入的边际效用递减。

第四，社会总收入固定不变。

按照假设条件，收入的边际效用递减，如果要保证所有个体最后一单位的收入的边际效用是一样的，就需要所有个体的可支配收入是一样的。在此情形下，通过税制，事实上就是实现收入的一个转移过程，目的是达到收入均等化，这就是达到社会福利最大化的最优税收。可以明显地看出，埃奇沃思的税收原则，其强调的是公平。其基本要义在于要把累进税的征税对象定位于富人，其税率可以达到100%。

埃奇沃思（Edgeworth，1987）的研究结果构建在所得税对产出不发生作用的基础上，不过事实上所得税对人们在劳动与休闲两者的选择中产生影响，高税率的所得税在劳动供给生产方面起到制约作用，进而导致额外负担。

斯特恩（Stern，1976）在他的文章《对最优所得税模型的解释》中纳入了所得税在劳动供给方面产生的作用，提出了有转移支付的线性所得税。即：

$$T = -G + tY \tag{2-2}$$

上述公式里的 T 表示的是税收收入，G 表示的是政府在个人方面的总额补助，t 代表的是税率，Y 代表的是个人的所有收入。从式（2-2）可以看出，如果 Y=0，得出的税收是负值，也就是能从政府方面获得 G 元的补助；如果出现 $G/t \geqslant Y \geqslant 0$，纳税人一元的收入，需要给政府交的税收额度是 t 元。斯特恩通过研究提出，劳动供给的弹性越大，相对应的边际税率应该是越小，还以特定的假设前提（劳动与闲暇的替代弹性为 0.6）上，测算出边际税率 t=19% 时，实现社会福利最大化的目标。显然现实情况中劳动与闲暇的替代弹性并不总是恒定的，因此，斯特恩的研究结论并不适用于现实情况。

3. 最优混合税理论

最优商品税理论是偏向效率的，最优所得税研究是偏向公平的，后面有学者将两者结合起来进行了研究和探索，认为最优税收制度应该是两者的组合。

阿特金森等（Atkinso et al.，1976）在他的文章《税制结构的设计：直接税与间接税》中阐述的是如何实现商品税与所得税的最优结合。文中提出了在效率、横向公平等关注的重点不一样的情况下，商品税与所得税的最优组合。文章提出：（1）个人运用定义良好的效用函数；（2）个人都具备一样的偏好，不过能力是不一样的；（3）全部收入都是工资；（4）运用伯格森（Bergson）形式的社会福利函数；（5）把筹集既定的税收收入作为限制。在拉姆齐（Ramsey）规则的基础上考虑纵向公平研究之后，得出的结论是，假设把公平当成一个因素，那么商品的税率增加对象主要是围绕高收入群体消费的商品。为实现效率和公平两者间的平衡，应该将所得税纳入假设重点强调公平，因为所得税在税收分配中的作用是直接的也是可以感受的，但商品税的作用不直接而且不容易被发现。这种情况下最优税收制度则为两种类型的某类组合。

阿尔姆（1996）在《什么是最优税收制度》一文中指出，最优商品税的税率要采取差别统一比例税率（视不同商品而定），也就是每个商品的税率都是不一样的，但比例是相同的税率，最优所得税税率应统一，不过税基要丰富，扣除条件要标准。最优混合税则要两种税收同时征收，但要采用比较低的边际税率。两者要配合使用才能实现最优税收制度。他又提出，进行实际研究时，可以将有关制度要素纳入税收制度研究的范围中。

最优税收理论对本书的指导意义在于，激励企业技术创新的税收优惠政策的设计和优化应当更好地权衡公平和效率原则，既要体现政策普惠性目标导向，还要通过选择性和差异性的税收优惠政策实现激励企业技术创新效率的目的，减少无谓损失。为此，在我国不断推进创新发展的情境下，最优税收理论对于完善促进我国企业技术创新的税收优惠政策体系、指导我国税制改革可以提供重要的理论依据。

2.2.2 内生经济增长理论

内生经济增长理论又称新经济增长理论。探寻经济增长的可持续发展，成为经济增长理论的核心所在。所谓内生增长指的是由经济系统内部因素引起的经济增长。实现边际回报递增是经济系统实现可持续增长的必要条件。阿罗（1962）最早用内生技术进步解释经济增长，把技术进步看成是新资本生产过程中的副产品，即“边干边学”。随着经济的不断发展，人们进一步认识到技术、知识和人力资本投资等因素对于经济增长的重要作用。

20世纪80年代，罗默和卢卡斯开创了新经济增长理论，即内生经济增长理论，为揭示经济持续增长的内生机制作出了突出贡献。新经济增长理论的核心观点为技术进步才是长期经济持续增长的源泉，也是生产效率提升的内在保证。该理论认为，在存在技术进步和人口增长的经济系统中，单位工人产出和单位工人占有资本与技术进步率以同样的速度增长，产出增长率等于劳动人数增长率加上技术进步率。换言之，新经济增长理论认为，“劳动力”不仅包括劳动力的绝对投入数量，而且还包括劳动者的个人素质和整体素质，包括受教育水平、技能水平以及劳动者之间的相互协作能力等。人力资本不仅体现了劳动者数量，而且是衡量劳动者质量的重要标准且作为独立变量被引入新经济增长理论生产函数中。新增长理论的基本模型主要包括罗默的知识溢出模型和卢卡斯的人力资本溢出模型。

在罗默的知识溢出模型中，把生产要素划分为四个变量：资本、非技术劳动、人力资本和新知识。其中，新知识是最为重要的生产要素，具有外溢性，可以使生产呈现出规模收益递增。该模型指出，知识和技术进步才是经济可持续增长的核心，经济系统中的创新活动使得知识能够成为商品，而知识商品的生产成本只是知识的开发成本，知识可以被反复使用，且在多次使用过程中不需要额外追加生产成本。

卢卡斯的人力资本溢出模型表明，经济增长的真正源泉是人力资本积累，人力资本的积累方式主要表现为以下两种途径：一种途径是通过正规和非正规学校教育；另一种途径类似于阿罗提出的“干中学”理论，通过实际生产实践中的边干边学，劳动者即使没有接受学校正规教育，通过工作岗位中的实际训练和实践经验也能够促进人力资本的积累。卢卡斯将舒尔茨人力资本概念和索罗模型相结合，把人力资本视为索罗模型中技术进步的一种形式，而整个经济系统中的外部性是由人力资本溢出造成的。人力资本的溢出效应体现为向他人学习或相互学习，一个拥有较高人力资本的人对他周围的人产生更大的积极影响，可以提高周围人的生产效率。

新经济增长理论注重知识积累的作用，将技术进步完全内生化，技术知识的积累、技术进步使得生产过程具有规模报酬递增的性质，可以阻止资本边际产品的下降和资本—产出比的上升。根据新经济增长理论，经济能够不依赖外生变量，而通过知识、人力资本和技术进步便可以实现持续增长。换言之，在新增长模型中，经济增长的推动力量——知识积累、技术进步不是外生的，而是由经济系统内部的机制决定的。一方面，现实经济系统中的教育和创新活动生产知识，不断地研发资本投资和教育投资会激励知识的生产和积累；另一方面，知识的积累又进一步激励投资的不断增加，如此循环往复，经济能够实现可持续发展。

内生经济增长理论与本书论题有较大的关联性。该理论的核心观点认为，技术创新作为推动经济增长的内生变量，提高研发投入和人力资本投入等政策措施是提升技术创新效率的重要途径。技术创新活动所产生的市场失灵问题需要税收优惠政策加以调节。税收优惠政策作为反周期的宏观政策调控工具，政策的合理制定、政策实施方向和力度的调整均能够对企业技术创新效率产生影响，能够解决技术创新活动中存在的市场失灵问题，通过降低企业税负的方式引导企业增加技术创新投入，进而促进企业技术创新效率的提升。关于内生经济增长理论的研究，能够为经济高质量发展下的税收优惠政策与企业技术创新效率的研究提供更好的理论依据。

2.2.3 技术创新理论

技术创新是指通过技术的改进或者变化促进经济增长的各种商业活动，反映技术与经济的实质关系。虽然在经济发展历史中，人类的创新活动早已应用在生产生活中，但直至 1911 年，经济学家熊彼特才基于经济发展情况的深入分析，在《经济发展理论》中首次提出“创新”这一概念，划时代地提出了“创新是经济发展最重要的驱动力”的论断。生产意味着将人们所能支配的原材料和力量组合起来，一旦人们执行了新的组合方式，那么“具有发展特点的现象”就会出现。因此，熊彼特将经济发展的本质等同于创新。创新也是促进经济增长的一个投入要素，当把创新纳入生产函数时，会产生 5 种创新情形为：引入新产品，引入新的生产方法，开发新市场，控制原材料的新的供应商，实现企业的创新组织。

可见，按照熊彼特的观点，创新是指生产要素和市场条件通过一种新的生产函数以一种新的方式进行结合，通过技术改进，利用新方法去生产新产品，从而得到供应商所提供的新的原材料和半成品，进而形成全新的组织和市场形式。熊彼特将创新归入经济学的研究领域，认为创新与发明存在本质上的不同，创新是指将一种全新的技术应用到生产活动中，发明仅仅是指在原有的技术上对方法和工具的改进。换言之，创新概念的实质是把生产力的进步作为经济和社会发展的动力。

熊彼特的技术创新理论可以归结为以下三个方面的内容：一是创新对经济发展的影响。创新是推动经济发展的根本力量，经济发展实际上是由于技术创新和生产组织形式的创新而引起的创造性变动。二是创新的主体。熊彼特在《资本主义、社会主义和民主主义》（1942）中指出，企业家的本质是通过技术创新实现生产要素的重新组合进而构建新的企业生产函数，达到推动经济社会发展的目的。三是经济周期波动的动因。熊彼特基于技术创新角度解释了经济周期的产生，他强调创新浪潮的出现和消逝是经济发展呈现出周期性波动的根本动因。具体来说，当创新浪潮出现时，会给企业家带来超额利润，从而吸引更多的企业或投资者加入创新行业，导致对生产资料的需求迅猛上升，生产资料价格上涨，引起信用扩张，使经济步入繁荣阶段。之后，由于产量的增加而引起产品价格下降，超额利润也会相应减少，利润的减少和产品成本的提高，将会导致企业发生亏损甚至破产。紧接着，银行会相应地紧缩银根，使经济步入衰退期。随着下一轮创新浪潮的出现，经济又一次进入新一轮周期循环。

熊彼特的技术创新理论作为本书理论依据的指导意义体现在，该理论对于技术创新理论的发展产生了广泛而深远的影响。特别是第二次世界大战后，人类社会技术发展日新月异，新技术、新工艺、新方法被引入生产过程，并对经济产生了巨大的影响，技术创新理论揭示了现代经济的一般特征及其推动社会发展的源泉所在。税收优惠政策实施的最终目的是通过推动技术创新而实现经济的高质量和可持续发展。税收优惠政策通过降低企业的技术创新成本、提升企业增加技术创新投入的方式对企业技术创新效率产生积极影响，从而更好地推动经济和社会发展，该理论对于探究税收优惠政策对企业技术创新效率的影响提供重要的理论支撑。

2.2.4 外部性理论

开展技术创新活动必然要面对包括市场失灵等外部性问题，进而影响企业技术创新活动的推进。税收优惠政策的实施主要是为解决创新过程中的高风险、高成本、不确定性等问题上发挥重要作用。基于外部性理论的应用，能够较好地解决税收优惠参与技术创新的关键性问题，为本书研究提供主要的理论参考价值。

外部性的概念最早是由新古典经济学家马歇尔（Alfred Marshall）在1890年出版的《经济学原理》中提出。外部性是指企业所从事的经济活动对其他个体或企业产生的影响，可分为正外部性或负外部性。内尔松等（Nelson et al.）将市场失灵理论开始应用于技术创新的经济研究，认为企业的技术创新活动必然会产生市场失灵问题，主要包括技术创新过程的公共性、技术创新收益的外部性和技术创新成果的不确定性，也是需要税收优惠政策引导和调节技术创新活动的基本依据（王淑贞，2012）。

技术创新过程的公共性是指由于研发成果的公共品属性，企业通过从事技术创新活动而获得技术创新成果的同时，无法独占其技术创新成果所带来的社会收益。技术创新收益的外部性是指由于技术创新活动的外溢性，其他企业可以不通过对技术创新成果的直接交易而获得技术创新产品所有者的创新成果，从而获取收益。技术创新成果的不确定性是指在开发新技术或新产品过程中的不可预知性。

外部性理论作为本书理论依据的价值体现在，企业开展技术创新活动所带来的外部性问题，需要政府采取政策工具加以调节。税收优惠是政府解决企业技术创新活动中产生的外部性问题的重要政策工具，主要在解决创新过程中的高风险、高成本、不确定性等问题上发挥重要作用，通过让渡给企业资金收入的方式降低企业技术创新成本，促进企业增加技术创新投入，从而对企业技术创新效率起到正向的激励作用。外部性理论，能够较好地解决税收优惠参与技术创新效率的关键性问题，为本书研究提供重要的理论基础。

2.3 税收优惠对企业技术创新效率影响的传导机制

税收优惠对企业技术创新效率影响的传导机制是指税收优惠影响企业技术创新效率的途径过程和阶段，可以分为成果转化机制、产品市场机制和绿色发展机制。对于传导机制的界定和阐释，为本书的实证分析研究提供了理论支撑。

2.3.1 成果转化

国外相关研究中没有与成果转化完全对应的词语，更广泛地使用技术转移一词进行代替。学者从不同角度界定技术转移的内涵（Bozeman，

2000)。贝尔(Bell, 1993)将技术转移定义为从新技术的发明到创新,是新技术的商业应用和技术开发的过程。卡斯蒂略等(Castillo et al., 2018)则指出技术转移是指想法和产品从研究机构向市场转移的过程。可见,通常所说的技术转移其内涵和外延的范围更大一些,这里的技术转移则强调技术或知识的商业化,与技术商业化的内涵非常相似,即将技术创新成果从技术开发人员手中转移给能够应用技术转化成市场产品的组织(Kirchberger et al., 2016)。在国内方面,科技成果转化是我国科技管理工作专用的名词,最先由官方有关科学技术发展规划文件中发展而来。国家科委课题组在1994年首次将科技成果转化定义为科技成果从研究、开发、中试、试制、生产、销售至取得较高的经济回报所经历的过程(国家科委课题组,1994)。我国1996年颁布的《中华人民共和国促进科技成果转化法》中将科技成果转化定义为提高生产力水平而对科学研究与技术开发所产生的具有使用价值的科技成果所进行的后续实验、开发、应用、推广直至形成新产品、新工艺、新材料,发展新产业等活动(全国人民代表大会常委会,1996)。在相关学者的研究中,贺德方(2011)认为科技成果转化的概念有广义和狭义之分。其中,广义的科技成果转化包含从知识的生产到最终生产力的形成这一创新链条中各个环节的转化;而狭义的科技成果转化是指应用技术成果向能实现经济效益的现实生产力的转化。

在我国建设创新型国家背景下,促进科技成果转化已成为当前我国实施创新驱动发展战略的重要任务,是推动经济发展从要素驱动型向创新驱动型转变,也是我国企业转型升级的重要作用渠道,对我国企业技术创新效率的提高具有促进作用,这主要是以下原因导致:一是成果转化能够促进企业提升自主创新能力,形成自身核心竞争力,实现技术创新效率的提升(薛钢,2018);二是成果转化的知识溢出效应,实现了企业技术创新效率和提升价值创造,进而继续增加创新资本投入,增加科技成果转化,实现良性循环机制。

我国十分重视科技成果的转化,并制定了相关的财税激励政策。首先,在财政支持上,不同省份针对科技成果的转化均加大了财政支持力度。其次,我国为激励科技成果转化制定了相关的税收优惠政策,涉及增值税、企业所得税、个人所得税以及房产税等诸多税种。从风险投资、成果转化收入、成果转化人员激励以及特定行业与区域等多方面制定了税收优惠政策。在促进科技成果转化的效果上，税收优惠具有极大的优越性，降低了企业成果转化成本，提高了企业自主创新积极性，提升了企业成果转化效率。

2.3.2 产品市场

改革开放以来，我国企业在融入全球化的过程中，依靠生产要素的低成本优势取得了长足发展。我国企业在全球产业链分工格局中总体处于中低端，整体科技水平与国际技术前沿存在较大差距，关键领域与核心技术受制于发达国家主导的高新技术企业。并且随着人口红利的逐渐消失与土地资源的日益紧缺，制造业正面临低成本优势快速锐减和新竞争优势尚未形成的双重压力。因此，寻求能推进我国企业转型升级的有效手段对我国经济的可持续发展和国际经济地位的提升意义重大。与西方国家不同，我国经济的发展路径带有鲜明的制度特征，是我国特色的重要体现。而市场化进程的不断推进是其中最具代表性的缩影，亦对我国经济的腾飞起到巨大的推动作用。进一步推进产品市场建设依然是我国现阶段经济工作的重点，而产品市场程度的进一步加深也必将对我国企业的转型升级产生重要影响。

产品市场是企业出售产品和劳务的场所。产品市场作用于企业价值链的产出端，对市场竞争、资源配置等方面的重要性日渐凸显。产品市场从以下三个方面促进企业技术创新效率的提升：

其一，强化市场竞争。为了获取更高的利润，企业的生产往往需要以产品市场的需求为导向。伴随着产品市场化进程的加深，产品市场的竞争会日趋激烈，这会减少企业的市场势力和垄断利润，为企业开展科技创新活动提供动力和压力。如果行业的竞争很激烈，且企业生产出的产品没有实质性差别，那么行业中的企业为了使产品在市场中更具竞争力，都会有增强创新能力，与其他企业拉开差距的动力。在某一行业企业不断“逃离”既有技术层次的过程中，全行业的生产技术水平都会得到提高，并进而通过产业效应推动关联产业的技术进步，实现企业技术创新效率的提升。

其二，促进技术溢出。产品市场化进程的加深降低了国际先进产品进入本地市场的门槛，在为本国企业带来竞争的同时也为产品与工艺仿制提供了更多的模仿对象。众所周知，新产品、新工艺的开发具有投入大、风险高的特点，但是大多数新产品、新工艺一旦开发出来，模仿成本却极低。通过模仿创新实现产品升级，对于资金实力有限的中小企业而言不失为理性的选择。伴随着产品市场化进程的加深和市场产品的日趋丰富，技术溢出对中低端制造业的升级会起到明显的促进作用。此外，产品市场化进程的加深会吸引更多高层次的先进制造业企业入驻本地，这些先进企业的组织与管理经验同样会通过技术工人的流动传递到本地的同类型企业，从而推动企业技术创新效率提升和技术进步。

其三，提供研发导向。技术研发是产业升级和技术进步的主要推动力。当企业无法对新产品的最终需求作出乐观预期时，其升级产品或工艺的动机也通常会受到抑制。完善的产品市场能够通过价格机制向企业传递准确的产品需求信息，增强企业的技术研发信心。同时，价格机制亦有利于企业将有限的科技资源集中到满足消费者最终需求的新产品研发中，避免创新资源的浪费与分散化，提高研发成功的可能。当企业升级的新产品能满足市场需求时，企业本身也获得了利润的增长和资金的积累，得以开展更高层次的技术研发活动，从而形成良性循环，促进企业技术创效率的不断提升。

根据熊彼特创新原理，企业面临的产品市场竞争程度对其创新投入的意愿与能力均会产生影响。具体来说，当企业位于产品市场竞争程度较低的行业中，其往往具有较大的市场份额，往往能取得超额利润，这种超额利润能够保证企业进行持续创新投入，因而表现较强的创新能力。但是这类企业在不进行创新时依然具有较高的利润，面临的市场竞争压力较小，因而表现为较低的创新意愿。相反，如果一个企业位于产品市场竞争较强的行业中，由于单个企业的市场占有率较低，较容易在激烈的市场竞争中被淘汰掉，因此该行业中的企业往往具有较高的研发意愿进行不断的创新，保证其在激烈的市场竞争中持续经营下去，然而从研发创新能力来说，这类企业往往无法取得超额利润，资金上难以保证有足够的利润进行研发创新，此时税收激励具有更好的效果。因此，在竞争性较强的市场结构中实施税收激励，一方面，更有利于通过缓解企业的融资约束，激励企业将创新资源配置到市场失灵程度较大或原本难以进行的新技术领域，进而增加企业的私人创新投入；另一方面，在市场竞争程度较弱的行业中实施税收优惠，由于其具有较强的研发创新能力，税收激励可以通过整合企业研发创新资源而增加企业的私人研发创新。

2.3.3 绿色发展

近年，我国环境问题越来越严重，空气污染、水污染及固体废弃物污染等给我国居民生活带来了巨大困扰。过去以资源和环境为代价的粗放型增长也严重威胁了我国经济的可持续发展。我国人均资源占有量低，水资源和耕地拥有量分别为世界均值的28%和43%，石油和天然气人均储量不到世界水平的10%。然而，我国工业化进程尚未完成，化工、钢铁、有色金属等制造行业生产仍需消耗大量资源。资源储蓄量仍在减少，不解决这些问题，资源环境带来的问题会严重制约我国经济的发展。因此，绿色发展已经成为我国经济的可持续发展的重要发展战略。

绿色发展理念是我国新发展理念的重要组成部分，是实现经济高质量的重要发展战略。企业绿色发展，在考虑了人们的需求、环境问题、资源利用率和企业生存发展模式的基础上，通过提高产品的质量、性能，延长产品寿命，降低产品制造过程中物质和能源的消耗，进而减少对环境的破坏，其主要实现途径有开发无污染的绿色新产品，开发能源消耗低的绿色新工艺和新技术及完善制造业绿色化的法律、金融和行业体系。

税收优惠通过绿色发展机制对绿色技术创新效率的影响体现在以下几个方面：第一，绿色税收优惠缓解了企业在绿色发展阶段过程中出现的融资约束问题。税收优惠能够通过减轻企业税负的方式增加企业在绿色技术创新中的资金收益，降低企业技术创新成本与研发风险，为企业开展绿色技术创新活动提供更多的创新资源，进而能够提升企业的绿色技术创新效率。第二，绿色税收优惠在企业绿色技术创新活动中能够起到释放信号的积极作用。绿色技术创新活动中产生的信息不对称问题，使企业与外部投资机构之间出现信息滞后、信息偏差等问题。银行、投资等机构无法全面了解企业绿色技术创新情况，不利于企业开展外部融资。税收优惠政策能够向外界释放出政府对该企业所从事的绿色技术创新活动的支持信号，不仅在短期内能够缓解企业因融资约束所带来的绿色技术创新投入不足问题，而且在长期内会激励企业进行持续性的技术创新研发活动，提升企业的绿色技术创新效率。第三，税收优惠通过环境规制手段倒逼企业开展绿色技术创新活动。政府通过对重污染、高能耗的传统项目征税，对给予开展新技术、新产品的环保研发项目税收优惠，为扶持企业的绿色发展给予更多的公共资源，从而引导社会资本推动企业的绿色技术创新，提升企业的绿色技术创新效率。

第3章　我国企业技术创新效率：影响因素与发展态势分析

技术创新已成为我国促进产业结构升级和提升综合国力的重要国家战略。税收优惠作为政府的有效调节工具，对企业技术创新效率的影响绝大程度建立在我国企业技术创新的现实基础上。基于此，本章从成果转化阶段、产品市场阶段及绿色发展阶段，对我国规模以上工业企业技术创新现状以及问题进行分析，能够为税收优惠影响企业技术创新效率的研究提供现实基础。

3.1　我国企业技术创新效率的影响因素

技术创新具有复杂性与系统性两个特点，同时会受到多层次、多元化因素的制约。企业的技术创新效率会因企业的异质性和创新环境差异呈现出差别。因此，需要从内部和外部两个层面对企业技术创新效率的影响因素进行分析。这不仅有助于更加全面地探讨税收优惠对企业技术创新效率影响的传导机制、作用路径以及所产生的异质性影响，而且为后文实证分析的变量选择提供了理论依据。

3.1.1　内部影响因素：五个维度

“成本约束，治理结构，经营战略”三大维度是企业重要的发展目标。成本管理不善，企业容易因研发活动的投资高、周期长而陷入无法持续经营的困境，研发的高风险性使企业不得不在成本与收益之间衡量。稳定的公司治理有助于更好地投入技术创新活动以应对激烈的外部市场竞争环境。此外，企业经营战略、企业规模、产权结构均会影响企业的技术创新活动，进而对企业技术创新效率产生影响。

1. 成本约束

企业的成本约束主要体现在劳动力成本和融资成本约束两方面：

（1）劳动力成本。人力资源是企业创新资源投入的重要组成成分，人力资源决定着对其他资源的利用能力和利用效果。与此同时，人力资源是智慧的结合体，许多创新思想源自员工，作为企业创新活动的最终代理人，员工的知识积累和努力程度直接影响创新进程和创新效率。随着人力资源质量不断提高，劳动力成本也逐年攀升，这会带来两个方面的影响：一方面，劳动力成本上升拉大企业间技术差距。企业创新活动具有高投入、高风险并存的特征，对于能承担高工资的企业而言，一般经营管理能力、研发能力和债务偿还能力均较强，高工资能通过激发员工积极性和创造力，促进员工高效协作，增大离职的机会成本，实现技术创新能力、技术创新效率双重提升；对于经营能力弱、研发水平低的企业，劳动力成本的提升成为企业成本压力，在面临资金约束的情况下，企业的融资约束效应将被放大，影响企业创新过程，导致技术差距拉大。另一方面，劳动力成本上升可能改变企业最优生产方式，扩大生产可能性边界。在劳动力成本提升，可替代性较强时，企业倾向于以资本要素替代人力资源，以更新生产设备等方式获得较高的生产效率，但这将以损失人力资源为代价。随着智力资本、知识资源在企业技术创新效率中的重要性不断提升，从长期来看，企业面临人力资源质量提升和技术升级的需要，通过利用先进设备实现技术替代，并不能从根本上缓解企业经营困境。企业只有将劳动力成本不断上升的压力转化为创新的动力，增加创新性投入，加强研发能力，提高创新效率，才能不断实现劳动密集型、资本密集型向技术密集型企业的转型升级，切实提高核心竞争力。

（2）融资成本。企业的研发周期长，在创新过程中需要持续稳定的创新投资。如果资金的使用成本高，则会挤占有限的研发资金。具体而言，造成企业融资成本高的原因主要有三个方面：第一，企业在技术创新过程中融资机构存在严重的信息不对称问题，这使得企业很难获得外部的融资支持；第二，企业技术创新活动存在不确定性，我国金融市场虽然经过改革，有了长足进展，但依然滞后于经济发展，企业融资渠道匮乏，外部融资以银行为主导，然而银行偏好发展稳定的大型企业和国有企业，同时银行的“天生避险”性，使中小企业、创业企业难以获得融资支持，导致融资成本上升；第三，当企业资金紧张时，银行信贷处于紧缩阶段。企业所面临的融资困难与高信用风险问题，会加大企业的融资成本。投资成本高导致企业难以在长周期内保持稳定的研发资金投入，并且研发投入水平较低，这不利于企业技术创新效率的提升。

2. 内部治理结构

企业内部的治理结构是影响企业技术创新效率的重要因素。企业内部治理结构主要分为高管持股、股权制衡和高管薪酬三个方面：

（1）高管持股。高级管理人员是企业经营发展的核心，也是影响企业是否开展创新、创新项目选择以及如何创新的最重要因素，高管的研发决策直接影响企业的技术创新发展。从长期激励的角度来看，高管的智力资本是企业的专门性资本，其人力资本价值的发挥依赖于长期的激励。因此，高管持股有效缓解企业经营权与管理权分离导致的利益不对称问题，促使企业的人力资本超前于物质资本发展，扩大知识资本、智力资本对研发创新的影响力，提高创新效率。从管理人员与权益所有者利益联结的角度，高管持股有助于双方建立稳定的合作关系，促使高管积极投身企业发展和技术创新活动，避免机会主义倾向。高管如果能将自己的利益与公司的利益绑定在一起，有助于锁定高管注意力，以公司的长期发展目标为导向，把握市场动向，抓住发展时机，及时开展战略规划并准确判断研发的可行性和未来收益，高效实施新技术的研发项目，重视研发投入和高质创新成果，提升企业创新效率。此外，高管持股也能增加股东对管理人员的信任度，有助于股东支持高管的管理方式和对公司未来的规划，给予精神上的激励，降低代理成本，提高公司整体协调性和创新能力。然而，值得注意的是，对高管的股权激励是影响企业技术创新管理中的一方面，高管持股是否能发挥在企业技术创新中的正向作用，还取决于公司整体的人力资本、物质资本积累的激励，同时受到政策环境、融资环境等因素的约束。

（2）股权制衡。股权制衡是指公司的控制权由几位大股东共同拥有，通过相互牵制和监督，抑制任何一方可能出现的利己主义行为。具体而言，股权制衡有利于激励企业股东参与企业经营管理活动，加强制衡力度，通过互相监督抑制机会主义行为，同时有助于吸引风险投资，并降低公司被兼并、收购的风险，从而保障企业稳定发展和创新的可持续性。合理的股权制衡度以市场作为检验标准，企业的股权结构越能适应市场的发展就越合理。对技术企业而言，合理的股权结构不仅能约束大股东的行为、保持独立董事的独立性、降低中小股东利益受损的风险，而且能同时调解非股权结构因素，保证企业创新的持续性和稳定性，促进企业创新能力提高和创新战略目标实现，提高技术创新效率。股权过度分散，公司股东对管理层的监督会出现真空，管理层的寻租行为得不到有效控制，会极大影响公司的创新投资，降低技术创新效率；股权过于集中，将导致公司决策的民主程度不民主，导致技术创新风险提高，降低技术创新效率。总之，股权过于集中或过于分散都不利于企业创新效率的提升。

（3）高管薪酬。相对于股权激励，高管薪酬被认为是一种短期激励方式，可以有效抑制高管对创新长期投入的高风险规避行为。如果企业技术创新效率稳定或不断提高，持续的创新成果产出将激发高管将更多资源投入技术创新过程，而不会过度担忧研发的高风险和研发失败对自身形象或利益带来的损害，此时，较高的薪酬水平将加强这一循环过程，通过增多创新投入、高效管理，引致更多产出，从而加速创新过程，提高创新效率。如果企业创新效率不稳定，较高的高管薪酬能在一定程度上体现公司对高管能力和特质的认可，缓解高管的后顾之忧，从而将精力集中于创新过程，完善创新管理，实现更高层次的研发产出，提高创新效率。此外，高管薪酬水平较高将引发股东对公司经营的干预，以确保高薪酬促进高管努力、专注于公司发展的有效性。高管薪酬知情权迫使股东参与到企业经营过程，监督高管管理工作，一方面，能加强双方的沟通，降低双方信息不对称，避免股东为获利退出投资，同时避免高管为谋取私利发生机会主义行为，另一方面，股东的干预有助于高管在信息互通的情况下开展高风险、高收益创新活动，提高创新效率。当然，高额的高管薪酬回报，可能在一定程度上挤压企业可运转的资金，导致研发投入资金减少，影响创新效率的变化。

3. 经营战略

企业经营战略的制定与实施是决定企业技术创新资源配置有效性的重要因素，对于企业技术创新效率提升具有至关重要的影响。战略是企业长期发展的目标和为实现目标而在未来较长时间内采取的行动和资源配置过程，一旦制定不易更改。根据企业经营战略管理中“环境—战略—绩效”研究范式，企业战略影响企业绩效，企业绩效与企业技术创新效率互为影响和作用，企业战略范围涵盖广泛，包括创新战略、跨国经营战略、多元化发展战略、风险管理战略、差异化战略等。其中，创新战略、跨国经营战略与企业技术创新具有直接关联性，对企业技术创新效率的影响更为直接和重要。由此，关于经营战略对企业技术创新效率的影响分析，聚焦于创新战略、跨国经营战略两方面。

（1）创新战略。在大力发展高新技术产业的语境下，创新是推动高质量发展的根本推动力。只有不断发展技术创新，才能保持企业的核心竞争力。在高新技术多元化、技术复杂度不断提升的背景下，企业一旦停止创新就将面临被市场淘汰的风险。企业需要通过持续的创新，保持核心竞争力，占据技术主导地位，并通过技术专利和技术标准制定保持竞争优势。实施技术创新战略，加大对研发的支持力度，通过技术并购增加知识、技术存量，进行研发投入，有助于企业提高技术创新效率。与此同时，通过研发创新、技术并购等创新战略实施将扩大企业市场占有率，提高技术水平，提高盈利能力，实现创新效率的提升。技术创新过程需要高投入，依赖于企业内、外源融资的能力。只要较高的企业内、外源融资能力，能够缓解创新过程中止的风险。企业技术创新融资方式分为内源融资和外源融资方式，企业创新战略的有效实施需借助于内、外源融资加以保障。无论是内源融资还是外源融资，创新战略实施过程的高额资金投入将影响企业的资本结构，企业内源融资能力依赖于企业的盈利能力和成长能力，而外源融资则反映企业需要在高负债下前行，充足的内源资金与外源资金有助于保障企业创新战略的实施效果在一定程度上促进创新效率提升。当企业自有资金充足时，企业将以充足的研发投入支持创新，扩大技术创新规模，促进创新效率提升，这符合融资优序理论①。内源融资为企业第一融资选择。而当内源融资不充足时，企业需要外源融资的支持，相对于内源融资而言，外源融资的相对成本较高，尽管如此，实施创新战略的企业为了创新的可持续性，也可能会冒险以高负债率开展创新，谋求创新成果商业化后的超额利润。

---

① 融资优序理论认为权益融资会传递企业的负面信息，外部融资具有较高的支付成本，因而企业融资一般会遵循内源融资、债务融资、权益融资的顺序。

（2）跨国经营战略。随着我国“走出去”战略的实施，越来越多企业开始拓展国际市场，通过对外投资，设立海外子公司、分公司和合作机构，海外贸易等方式实现跨国经营。跨国经营有助于企业实施开放式创新，一方面，通过充分利用国外技术创新资源，拓展知识获取渠道，实现创新资源互动和优势资源互补，从而提升企业技术创新效率，通过国内多方创新主体的协同，能加速技术创新进程，提高企业技术创新效率；另一方面，实施跨国经营还有助于企业开展国外市场，通过价值链分工，实现资源优化配置，并通过市场细分，有针对性开展研发创新活动，实现规模经济，提高盈利水平，促进企业技术创新效率提升。同时，实施跨国经营战略使企业受国外经济环境动荡和汇率浮动的影响较大，而开展国外新市场需要大量资金支持，这将影响企业财务结构的变化。当某一市场发生大幅动荡时，企业是否采取较为保守的态度，减少业务，或停止业务拓展，一方面取决于企业在其他市场的盈利能力和成长能力能否保证企业不受到巨大冲击；另一方面，一般认为，负债高的企业融资能力也较强（连玉君，2010），当内源融资不充足时，负债的高低也影响企业能否继续开展技术创新活动。因此，企业的资产收益率、成长能力、资产负债率也能在一定程度上对跨国经营战略造成一定的影响。

4. 企业规模

企业规模大小是影响企业技术创新能力的重要因素。企业随着分工协作的深化不断扩张（亚当·斯密，1776），技术变革促使协作加强，企业规模也随之扩大[①]。由此表明，企业规模与企业创新效率之间存在相关性。大规模企业的形成和分工协作与技术变革息息相关，即大企业的技术创新能力更强。究其原因，企业分工协作和在技术变革中发展自身的能力的基础在于企业规模，大规模企业具有高水平的人力资源、物质资源，这有利于企业通过管理创新、组织创新实现更高效的分工协作，提高创新效率。此外，大规模企业拥有多的知识储备、技术水平也相对较高，在技术发展和变革过程中，能稳固市场地位，在新一轮技术变革中，高效吸收新思想，引领新技术发展，提高核心能力，实现企业技术创新效率的提高。此外，大规模企业有助于具有才能的企业家施展

① 马克思，恩格斯．马克思恩格斯全集［M］．北京：人民出版社，1960：23－25.

才华，减少资源冗余，并调动企业中劣势资源，结合优势资源共同助推创新过程高效运转。需要指出的是，谢雷尔（Scherer，1965）的研究结论，规模和企业创新间可能存在非线性关系。可能的原因是，随着企业规模扩大和企业结构复杂化的趋势呈现，将导致企业保持固定的技术创新模式，往往无法突破现有技术瓶颈，将会导致企业技术创新效率的下降。

5. 产权结构

产权结构是影响企业技术创新效率的构成部分。就不同所有权性质的技术创新效率比较而言，鉴于我国的基本经济制度与国外不同，学者们通常从企业所有制的角度，对企业所有权性质与企业技术创新效率的关系展开研究。相关研究表明，外资企业的创新效率最高，国有企业创新效率较低（Zhang et al.，2000；Jefferson et al.，2006），非国有企业创新效率显著高于国有企业（Chen et al.，2005），民营企业以专利形式衡量的技术创新效率明显高于国有企业和外资企业，外资企业在新产品创新中的效率明显高于民营企业（吴延兵，2010）。尽管部分文献指出，国有企业的产权属性可能会通过扭曲产业投资结构、降低市场竞争等途径抑制创新，产生抑制作用（袁建国等，2015）。但也有文献指出，国有企业能够依靠政府获取信息技术资源和资金支持等多方面的政策扶持的偏向，进而提高企业的研发投入，对企业技术创新效率产生积极影响（姚晶晶等，2015）。李梅等（2015）认为，国有企业有着较强的研发动机和研发能力，为企业开展技术创新活动提供强有力的研发基础。在所有权结构上，健全产权制度，如明晰的产权关系和产权规则，有助于充分调动不同主体参与公司活动的积极性，激发主动性，使经理人等参与者获得的回报与其努力程度正相关，从而形成正向反馈，促进企业创新效率提高。

3.1.2 外部影响因素：两个层面

外部影响因素是影响企业技术创新效率的重要组成部分。与企业自身相关联的内部影响因素不同，外部影响因素主要强调来自外部环境所带来的影响，主要归纳为地区层面和行业层面两个层面的外部影响因素。

1. 地区层面

（1）政府补贴强度。科技竞争日趋激烈、市场日益扩大的情况下，企业为实现技术进步、稳固技术前沿水平，持续开展研发活动，增大研发投入，与此同时，各国政府也积极参与到企业创新过程中，认识到企业的竞争力就是国家的竞争力，从而不断增加对企业研发的资金支持，以国家资源保障企业创新过程顺利实施。政府补贴有助于缓解企业资金压力，更专注于研发过程，提高技术水平和技术创新效率（白俊红等，2013）。国内外许多学者对此展开研究，阿罗（Arrow，1961）就已提出政府有必要对企业提供补贴，这主要是基于创新成果正外部性角度而言的，认为社会成本高于私人成本的情况不利于企业开展创新活动。此外，政府对企业的补贴相当于一种“信号传递”，即政府对企业的认可，这有助于企业获得更好的技术合作伙伴，并且更容易从金融市场获得资金支持，在开展高风险的前沿技术研发过程中，不必过于担心较高的融资约束会压迫企业终止创新活动。但部分学者从政府补贴强度容易挤出企业研发投入的角度，反对政府补贴行为（Guan and Chen，2013）。较高的补贴或许将导致企业为获取更高收益对其他领域进行过度投资；并且政府补贴过程中或许会将一部分政府责任加诸于企业之上，如政府面对就业的压力可能会转移到企业身上，形成企业的“政府责任”，造成大量人员冗余，超额雇员导致企业成本加大，效率降低；此外为获取政府补贴，部分企业或采取“关系”措施，或通过加大对自身的“包装”以取得政府好感，因而形成超额的管理费用，这都将导致企业无法将精力放于核心营业项目上，短期的利益或许与长期发展相矛盾。尽管各项研究的结论不一，但各国政府为发展本国高新技术，都在大力支持企业的发展，因而，对政府补贴进行细致的研究将有助于厘清政府补贴与企业发展的关系。

（2）地区技术交易市场发展水平。企业创新是知识创新、知识流动、知识转化的循环过程，不仅需要企业内部独立的核心创新成果支撑，也需要来自企业外部的新技术的辅助和刺激，技术中介组织能从企业技术创新的上、中、下游提供连续服务，在上游，完善的技术交易市场能通过研发规划服务、研发设施服务直接参与企业管理创新和技术开发过程，并能通过聚集研发要素促进企业间科技资源配置流通（Gu et al.，2015），在中游通过知识和技术服务推动科技信息的传播和扩散，实现技术供给与需求的信息对称，此外，在下游还可以通过商品化服务参与、协助技术成果转化，直接促进企业的创新效率。

（3）地区金融发展水平。随着技术的复杂度越来越高，企业研发的周期逐渐增长，与之相反的是，技术、知识的生命周期逐渐缩短，企业需要大量的资金持续地进行研发投入和成果转化，然而这一大量而持续资金供给的需求仅依靠企业自筹是不够的，融资需求的满足，融资渠道的拓展，依赖于金融机构的支持。除此之外，企业以高新技术研究与开发为主要活动，成功的概率与失败的风险并存，企业外源融资的比重大，将增大利息支出，企业资金周转的压力加大。一旦发生财务危机，面对高风险的创新项目，结束还是坚持，是企业不得不面临的选择。选择结束，那么所有特定创新过程积累的人力资本将付诸东流，知识资本将转为沉没成本；选择坚持，企业将需要金融机构进一步支持，以帮助企业攻克难关，实现创新价值。在这一过程中，就需要金融机构帮助企业规避风险（Sullivan，2009），提供不同的融资组合，发挥中介的联结作用，促进企业优化创新资源配置，提高创新效率。从另一个角度看，金融机构信贷预算的约束有助于对企业经营管理过程的监管，通过对企业进行风险评估促进企业提高管理效率、资源配置效率，企业也会因信用压力，着力提高创新效率、生产能力和盈利能力。从这个角度来讲，金融中介有助于促进企业创新效率的提高，帮助有未来的创新项目实现商业化价值。

2. 行业层面

（1）行业竞争程度。行业竞争程度作为企业发展的重要外部市场环境，在市场竞争处于不同状态时企业的创新效率存在较大差异。在市场处于垄断状态时，少数企业占据技术前沿地位，且规模庞大，是市场的主导者，当市场有技术先进的新企业出现时，被兼并和收购的可能性极高，很难在行业中以独立的形式存活，这将降低行业整体技术进步和效率提升的概率，不利于企业研究与开发高新技术，获得持续的发展。在市场处于过度竞争状态时，企业承受的来自人才、技术、资金的压力过大，使企业的创新过程受到强烈干扰，不稳定性和对未来的不可预见性导致企业以渐进性创新为主，以求稳妥，保证自己不因研发失败带来的巨大亏空而被挤出市场。在这种情况下，颠覆性的突破性技术很难出现，随着行业竞争的愈发激烈，企业的盈利很难再获得增长，而维持既定创新和生产水平不足以支撑企业继续与同行业其他企业竞争，这时企业的发展将陷入停滞状态，创新效率不再增长。当行业竞争以价格竞争为主时，恶性的价格战将一再压缩企业的利润空间，逼迫企业在成本线上下浮动，维持正常生产已是极限，企业将无暇开展创新活动，创新的停止使企业逐步丧失竞争力，导致创新效率倒退。只有行业竞争处于适当状态时，适度的压力才会促使企业正确面对竞争（Arrow，1962），通过制度创新、技术创新推动企业管理效率、技术创新效率的提升。

（2）行业市场需求。供给与需求是市场发展的重要力量，没有市场需求，企业的供给将无处可去。特定企业处于特定的行业环境中，当行业市场需求呈稳定或高速增长态势时，行业的发展前景明朗，企业预期高产出将进一步获得利润，对行业发展持乐观态度。在这一情况下，企业会加强生产活动同时加大创新投入力度，促进生产率、创新效率同时提高，二者互相作用将形成稳定的螺旋上升结构，共同促进企业核心竞争力的提高，持续创造高额利润。而当行业市场需求呈现倒退趋势时，企业因无法对未来作出乐观判断，其创新动力转为对未来的隐忧，这将影响企业创新效率。因而，行业整体的发展形势，将鼓励或压制企业创新动力，带来创新效率的波动。就行业市场需求对创新效率的影响展开研究，有助于了解企业管理层决策对创新效率的影响，以及寻找行业需求波动下，促进企业创新效率提升的关键因素。

3.2 我国企业技术创新效率现状

从投入和产出角度，对我国企业技术创新效率在成果转化阶段、产品市场阶段与绿色发展阶段的现状进行分析。成果转化阶段的投入与产出指标以企业R&D资金、人员与专利申请规模衡量，产品市场阶段的产出指标以企业新产品的销售收入衡量，绿色发展阶段的投入与产出指标以污染治理投资与能源消耗、绿色专利规模衡量。对我国企业技术创新效率现状的分析，可以更好地把握当前我国企业技术创新效率发展态势，对于税收优惠影响企业技术创新效率的研究提供现实基础。

3.2.1 R&D 资金、人员与专利申请规模

成果转化，即企业通过市场调研和分析，确定新技术的定位，研发人员基于市场已有的或潜在的需求，通过一定的材料和技术路线，采用适当的方法筛选出具有能满足市场需求又契合企业战略的创意，经过概念、计划、开发、测试、发布五个环节发展得到新技术和新成果。本阶段的投入主要以研发人员、研发经费和科研设备投入衡量，产出以专利申请数、发明专利数以及新产品项目开发数衡量。本部分选择 R&D 资金和人员投入、专利申请数情况，对我国规模以上工业企业成果转化阶段的技术创新现状进行分析。

1. R&D 资金投入规模

我国企业的 R&D 资金投入包括 R&D 经费内部支出和 R&D 经费外部支出。R&D 经费内部支出为企业在报告年度用于内部开展 R&D 活动的实际支出，包括用于 R&D 项目（课题）活动的直接支出，以及间接用于 R&D 活动的管理费、服务费、与 R&D 有关的基本建设支出和外协加工费等。R&D 经费外部支出指企业委托外单位或与外单位合作进行 R&D 活动而拨给对方的经费，包括对境内研究机构支出、对境内高校支出等支出项目。

对 2009 ~ 2019 年我国规模以上工业企业 R&D 经费投入比重情况进行分析，如图 3 - 1 所示。可以发现，我国工业企业 R&D 经费支出逐年递增，平均增速为 11.83%，保持高速稳定增长，说明我国规模以上工业企业逐步重视技术创新活动，增加企业用于研发创新的支出。R&D 经费支出占营业收入比重反映了企业对技术创新的投入比例及重视程度。通过对 R&D 经费支出占营业收入比重的折线图及数据观察，发现我国规模以上工业企业的 R&D 经费所占营业收入的比重逐年提高，表明我国企业对技术创新的重视程度逐渐增强，也间接说明了随着我国人口红利逐渐下降、劳动力素质的逐渐提高、劳动力成本的逐渐上升，依靠廉价劳动力维持工业产品低成本优势、进而通过低成本优势维持工业产品竞争力将越来越困难，技术创新对我国规模以上工业企业维持和提高其产品竞争力越来越重要。

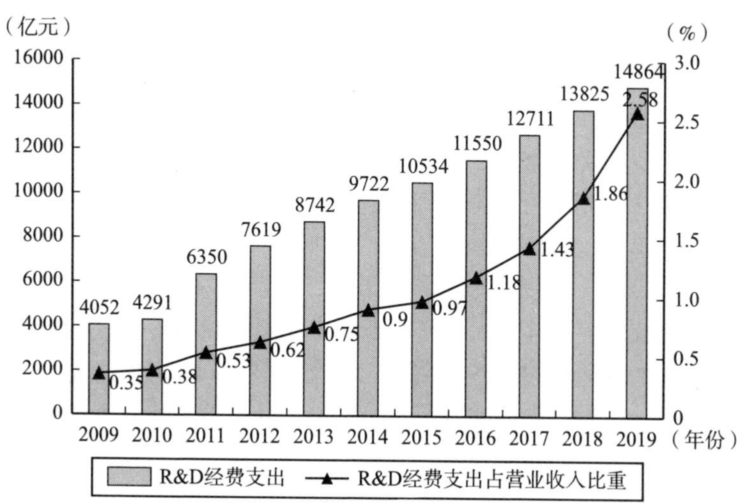

图3－1　2009～2019年我国规模以上工业企业R&D经费支出及占营业投入比重

资料来源：笔者根据相关年份《中国统计年鉴》《中国科技统计年鉴》数据整理得到。

技术创新能够促进企业转型升级和实现高质量发展，对资金、人才等创新要素的需求量和要求必然大大提高。从对2009～2019年规模以上R&D资金投入的梳理可以看出，工业企业R&D经费支出在总量上不断上升，2009～2018年规模以上工业企业R&D经费支出在营业收入中所占的平均比重不到2%，2019年达到2.58%。国际经验的平均值是企业的研发投入不低于销售收入的2%～4%。由此，我国企业应持续加大对技术创新的要素投入。

2. 人员投入规模

R&D人员指从事基础研究、应用研究和试验发展三类活动的人员，包括直接参加上述三类项目活动的人员以及这三类项目的管理人员和直接服务人员，直接参加三类项目活动的人员被称为直接研发人员。R&D人员全时当量是国际上通用的、用于比较科技人力投入的指标，是指R&D全时人员（全年从事R&D活动累积工作时间占全部工作时间的90%及以上人员）工作量与非全时人员按实际工作时间折算的工作量之和。

从图3－2可以看出，除2010年R&D人员数量出现下降，2010～2019年的R&D人员数量总体上呈现严格上升趋势，年均增速为5.7%，呈现稳定增长态势。这主要是我国近年来不断扩大高等教育经费投入、不断增大科技人才培养力度所促成的优势。2010年，我国规模以上工业企业 R&D 人员总量为 175.85 万人，相比较 2009 年减少 8.14%。通过对国有企业 R&D 人员和民营 R&D 人员数量及折线趋势来看，2009～2019 年国有企业 R&D 人员数量远远低于民营企业 R&D 人员数量，这主要是由于我国民营企业发展规模迅速，数量庞大。从发展趋势看，国有企业研发人员数量呈现逐年下降趋势。2009～2019 年，我国民营企业发展态势迅速，R&D 研发人员由 2009 年的 125.63 万人增长到 2019 年的 354.98 万人，年均增速达到 6.9%。其中的原因是我国自提出创新发展战略以来，更加注重对民营企业、中小科技型企业的扶持政策，加大民营企业的科技发展建设。随着“人口红利”的逐步消失，工业企业 R&D 人员增长速度逐步下降，R&D 人员占年平均从业人员的比重虽然逐年上升，但占比仍然较小。

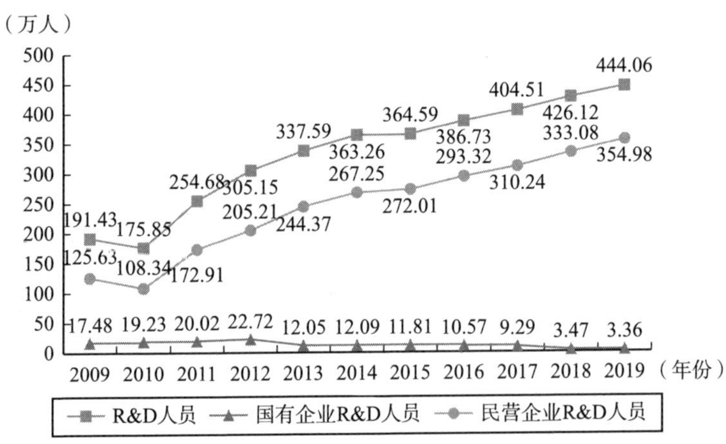

图 3－2　2009～2019 年全国及不同所有权性质规模以上工业企业 R&D 人员情况

资料来源：笔者根据历年《中国统计年鉴》《中国科技统计年鉴》数据整理得到。

3. 专利申请规模

专利是专利权的简称，是发明创造经审查合格后，由国务院专利行政部门依据专利法授予申请人知识成果。有效发明专利数量是指统计时间截止前，专利权处于维持状态的专利。有效发明专利数量可以体现专利技术的运用情况和市场价值，是衡量企业、地区和国家自主创新能力的重要指标。

根据我国规模以上工业企业专利申请数量和有效发明专利数量进行

对比分析，更能体现我国企业在成果转化阶段的创新产出情况。根据我国规模以上工业企业专利数据绘制图3-3。从图3-3可以看出，2009~2019年我国规模以上工业企业专利申请数量和有效发明专利数量呈现逐年增长趋势。但2016~2019年，我国工业企业有效发明专利数量已经超过专利申请数量，表明我国工业企业的专利权积累已到一定程度，处于大批量应用时期。经过测算，我国工业企业专利申请数量和有效发明专利数量的年平均增速为22.05%和32.09%①，表明我国工业企业在技术创新方面的人力、资金投入是有效率的。

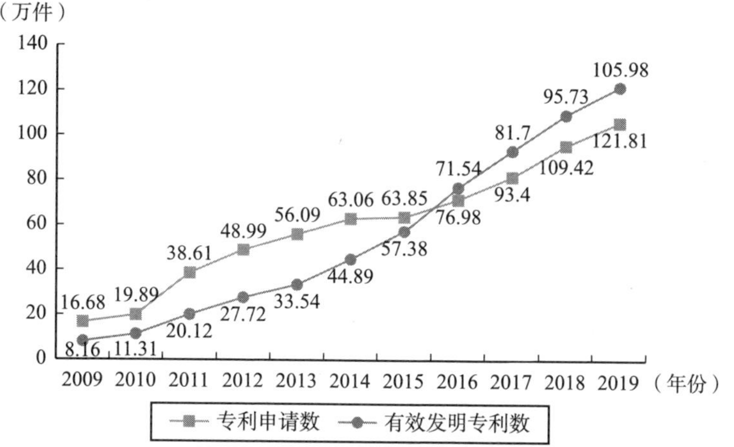

图3-3 2009~2019年我国规模以上工业企业专利申请数及有效发明专利数量

根据以上分析表明，2009~2019年我国规模以上工业企业的R&D资金和人员投入不断增加，其成果产出数量也逐年上升，说明我国工业企业在技术创新方面的资金和人力投入对企业成果产出具有促进作用。但从整体创新要素的投入可以看出，与国际创新型国家相比，规模以上工业企业创新投入要素不足、要素结构和配置不合理，创新成果转化率较低，产出较多的是以低附加值的产品为主，从根本上制约了企业技术创新效率的提升。

根据对我国规模以上工业企业的有效发明专利数占全部有效专利数的比重可知，如图3-4所示，从总体上来看，2009~2018年我国规模

① 根据《中国科技统计年鉴》测算得到。

以上工业企业的有效发明专利数占全部有效专利数的比重实现了增长，年均比重达到65.42%。而相比之下，美国、日本、西方等发达国家的发明专利占比维持在80%甚至更高的水平，并且呈现技术含量高、市场制约力强的特点。一般而言，专利维持时间越长，说明创造经济效应的时间越长，市场价值越高，反之越低。国家知识产权局提供的《专利统计简报》显示，2019年国内有效发明专利中，有效期超过5年的占46.7%，有效期超过10年的只占4.6%，国外分别是83.5%和23.8%，说明国内大部分专利并没有完成成果转化，没有在产品市场中发挥作用。

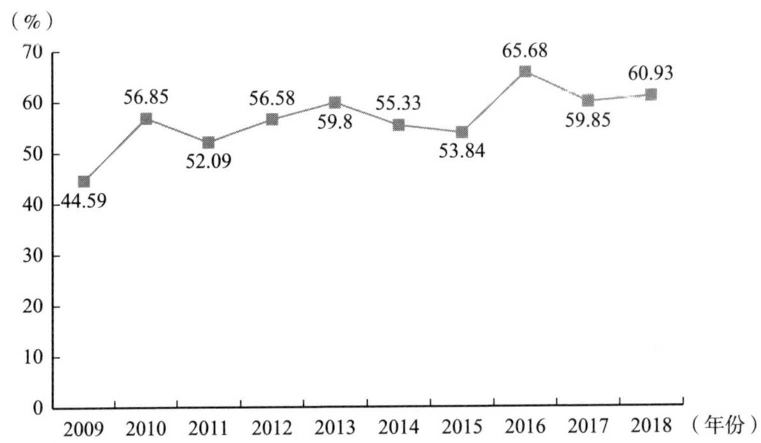

图3-4　2009~2018年我国规模以上工业企业有效发明专利数占比情况

资料来源：笔者根据历年《中国统计年鉴》《中国科技统计年鉴》数据整理得到。

3.2.2　新产品销售收入规模

产品市场阶段是科技成果转化为社会生产力和经济产出的关键环节，是指为提高生产力水平、获得经济利润，将科技研发所得到的有价值的科技成果筛选出来后，进行后续的开发、测试、应用、推广，直至形成新的实体或数字化产品。本质上，技术成果向能够实现社会经济效益的现实生产力的转化。在产品市场阶段，成果转化阶段的产出成为这一阶段的投入要素，企业需要继续追加投入，形成有形产品或服务，最终推向市场实现增值。这一阶段的创新产出包括工业总产值、新产品销售收入、净利润等。科技成果价值的实现路径有两种：一是通过专利转让、授权或许可的方式来获取价值；二是将研发阶段的科技成果产业化，通过营销等商业化手段来实现利润。技术创新的最终目的是通过提高产品竞争力来增加企业经济效益，只有实现创新的经济价值，才能够使企业资金回流，从而进一步加大创新初始投入，实现我国企业技术创新的可持续发展。新产品的销售收入是把技术创新成果转移到产品中，最终实现技术创新成果商业化的过程。本部分选择新产品销售收入作为我国规模以上工业企业产品市场阶段的技术创新产出的衡量指标，对我国规模以上工业企业2009～2019年新产品销售收入及占营业收入比重情况进行分析，如图3－5所示。

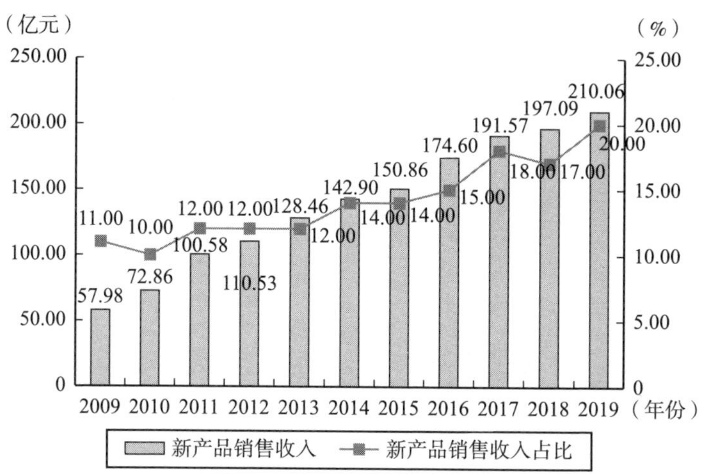

图3－5　2009～2019年我国规模以上工业企业新产品销售收入及占营业收入比重

资料来源：笔者根据历年《中国统计年鉴》《中国科技统计年鉴》数据整理得到。

根据图3－5所示，我国规模以上工业企业的新产品销售收入呈现逐年递增，年均增长速度为14.16%，呈快速增长态势，说明近些年来，我国规模以上工业企业在技术成果转化方面取得了较为明显的成就。此外，企业新产品销售收入在营业收入中的比重能够衡量技术创新对企业经济效应贡献的大小。由图3－5可知，我国规模以上工业企业新产品销售收入所占营业收入比重均逐年递增，表明技术创新对我国规模以上工业企业经济效益的贡献逐渐扩大，其中主要原因是我国近年来不断制定和实施促进企业技术创新的政策工具。

虽然2009～2018年我国规模以上工业企业的各项经济增长指标呈现较好的增长趋势，但是有效发明专利数和新产品销售收入的增长率却呈现下降的趋势。如图3－6所示，2009～2018年中高技术水平行业的企业单位数占比较低，说明我国企业较少涉及研发设计等高附加值的生产环节，核心竞争优势不够明显，行业自主创新能力还有待进一步加强。相关学者研究也发现，全球80%以上的研发投入和将近90%的发明专利被发达国家所掌握。过去我国企业的创新资源要素投入较少，在技术创新上依赖于国外引进的先进技术和关键设备，而国外的先进技术和关键设备与中国工业发展现状、工业生产结构存在着一定程度的不匹配，造成工业企业缺乏核心创新成果产出，企业的核心竞争能力较弱。此外，随着发达国家的"再工业化"政策向实体经济倾斜，新一轮工业革命逐渐兴起，要想在工业革命中取得优势地位，我国工业的自主创新能力亟须进一步加强。

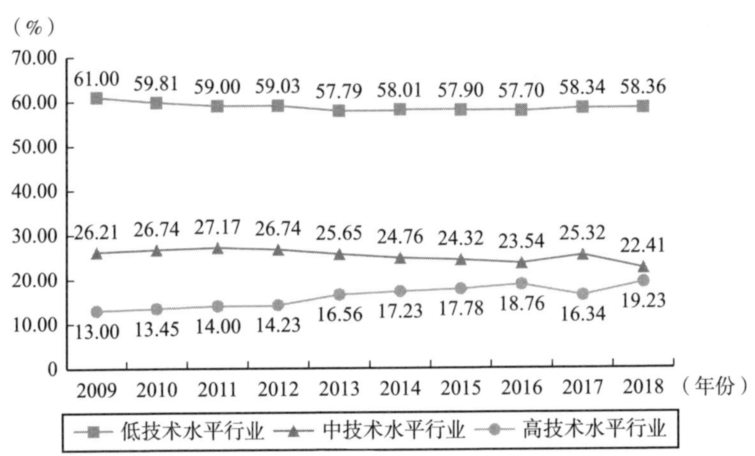

图3－6 2009～2018年不同技术水平行业工业企业占比情况

资料来源：笔者根据历年《中国统计年鉴》《中国科技统计年鉴》数据整理得到。

3.2.3 污染治理投资与能源消耗、绿色专利规模

绿色发展阶段是技术创新活动聚焦于环境友好、清洁能源、生态保护和应对气候变化领域的环节。在绿色发展阶段，绿色技术创新的度量可以参照技术创新的衡量指标，从投入和产出角度进行分析。受限于数

据，衡量投入指标的R&D数据无法细分至绿色技术创新领域。相对而言，污染治理投资规模作为企业解决环境污染问题的直接投入，更具代表性。为此，绿色发展阶段选用绿色专利数量和能源消耗量作为产出的衡量指标。本部分选择污染治理投资规模与能源消耗量、绿色专利数量，对我国规模以上工业企业绿色发展阶段的技术创新现状进行分析。

1. 污染治理投资规模

污染治理投资规模反映了企业对环境保护的投入规模，是改善环境质量的有效手段。工业企业污染治理投资主要包括工业企业治理废气、废水以及固体废物的投资。基于此，对我国工业企业污染治理规模和增长率进行分析，能够反映我国工业企业在绿色发展阶段的技术创新情况。根据我国工业企业2009～2017年污染治理投资及相关数据绘制图3－7。由图3－7所示，2009～2017年我国工业企业污染治理投资总规模在波动中实现小幅增长，从2009年的442.62亿元增长至2017年的681.54亿元。2010年、2015年分别出现了低谷值（396.98亿元）和高峰值（997.65亿元），主要原因是与当年经济发展情况有关。从图3－7可以看出，我国工业污染治理投资占营业收入的比重较为稳定，在稳定中略有下降，从2009年的8%下降到2017年的6%，在一定程度上说明我国环境状况可能有所好转，另一方面说明工业企业在环境治理投资方面的力度仍有待加强。

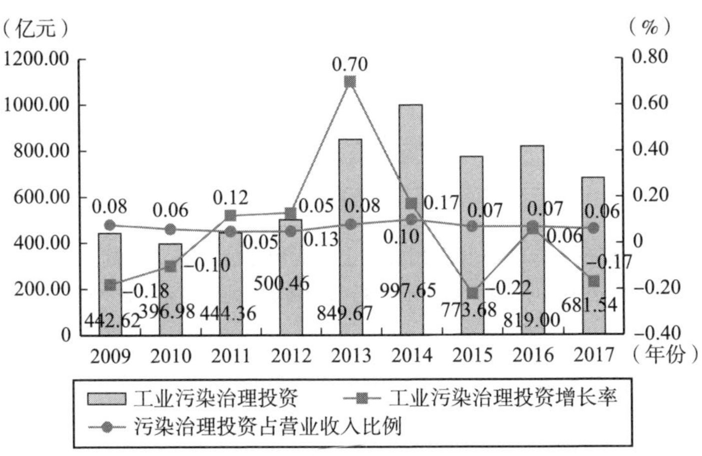

图3－7　2009～2017年工业污染治理投资总规模、增长率及占比情况

资料来源：笔者根据历年《中国统计年鉴》《中国环境统计年鉴》数据整理得到。

2. 能源消耗量

能源消耗量是从负外部性角度反映了企业的污染产出水平。从能源消耗的数据分析可以看出，如图 3－8 所示，2009～2019 年我国规模以上工业企业能源消费总量呈现逐年上升趋势，煤炭能源消耗在能源消耗总量中的占比处于逐年下降趋势，但 2019 年占比依然较高，说明工业企业的资源能源消耗量较大。虽然中国工业发展速度较快，也获得多方面的世界领先，但是在工业生产过程中消耗了大量资源能源，限制了工业的可持续、高质量发展。而资源节约和可持续发展是未来工业发展的大方向，一味地依赖资源要素的投入来创造行业的经济效益，不仅可能会面临边际收益递减的风险，还会对资源和环境带来极大的破坏和沉重的压力，造成行业整体的可持续发展能力不足。此外，工业对于循环经济和绿色发展方面的技术创新还不够重视，对可燃废弃物替代能源、生产垃圾的处置和利用等方面缺乏先进技术的支持，且因此造成许多资源能源浪费，甚至造成更加广泛的二次污染。

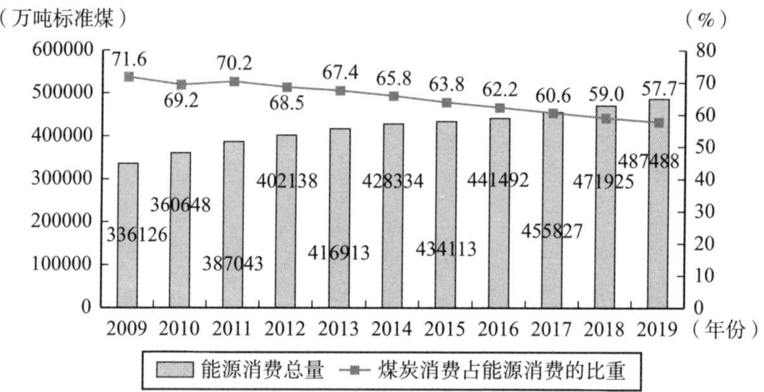

图 3－8　2009～2019 年我国规模以上工业企业能源消费总量及占比情况

资料来源：笔者根据历年《中国统计年鉴》《中国环境统计年鉴》数据整理得到。

3. 绿色专利规模

绿色专利占全部专利的比重可以反映经济体技术创新的方向。若绿色专利申请占比提高，则技术创新的方向趋向绿色发展，反之亦然。尽管申请量显著增长，但我国企业绿色专利占全部专利的比重有限，历年来均维持在 2% ~3% 左右①，且呈波动状态，并未体现出明显的上升或下降。

绿色专利申请的时间趋势变化反映企业绿色技术创新规模与技术创新方向的变化。基于世界知识产权组织（WIPO）发布的绿色专利分类清单（green patent inventory）确定绿色专利的种类和 IPC 分类号，本章从 Incopat 专利数据库获取企业的绿色发明专利和绿色实用新型专利的申请数量。基于数据的可得性，对我国企业 2007 ~2017 年绿色专利申请数量进行分析，如图 3 -9 所示。图 3 -9 分别展示了我国企业发明和实用新型绿色专利的申请量和占比随时间的变化趋势。我国企业绿色技术专利申请数量总体呈现上升趋势，绿色实用新型专利申请数量和增长幅度均高于绿色发明专利申请数量。

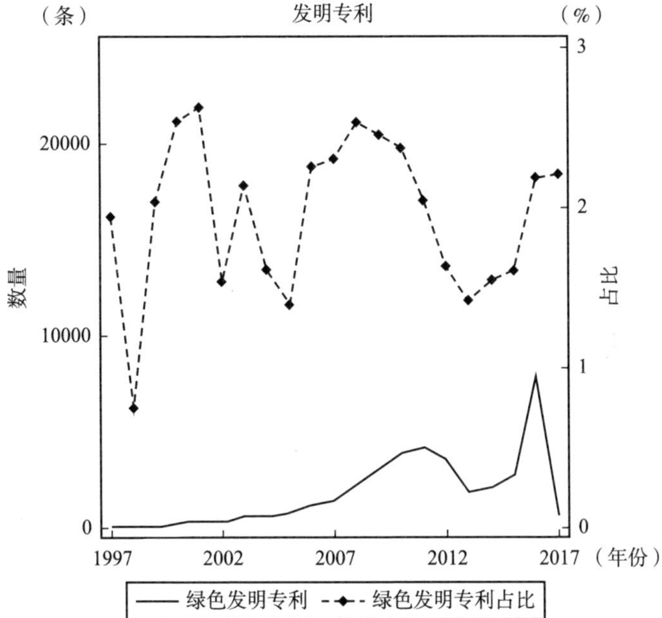

① Wang, J. Y. et al. Foreign Direct Investment Technology Transfer: A Simple Model [J]. European Economic Review, 1992 (36): 155 -237.

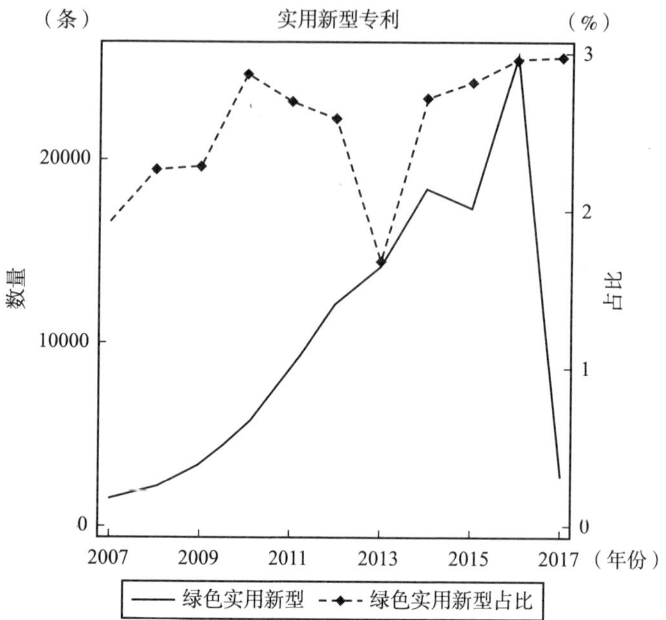

图 3-9　2007~2017 年我国企业绿色专利申请数据及占比情况

资料来源：根据 Incopat 专利数据库整理得到。

第4章　研发费用加计扣除的影响效应：基于成果转化与产品市场视角的实证

企业技术创新效率是企业科技研发实力与市场竞争力的重要体现，研发费用加计扣除作为税收优惠中最具普惠性的政策工具，对企业技术创新效率产生的影响值得关注。本章基于成果转化与产品市场双重视角，着重考察研发费用加计扣除政策对先进制造业企业技术创新效率的影响及作用机制。随着我国经济从高速增长转向高质量增长的"经济新常态"阶段，经济增长模式正由过去的要素粗放拉动型向技术创新驱动型过渡，技术创新已成为驱动我国经济增长方式由高速到高质量过渡的关键力量。企业作为创新的实施主体，其技术创新效率和质量的提升对于我国长期的经济增长与竞争优势具有重要作用，而先进制造业创新更是提升我国综合国力和国际竞争力的重要保障。在此背景下，如何有效激励先进制造业企业创新成为学术界与决策层共同关注的重要课题。与常规生产经营和一般性投资不同，企业技术创新具有明显的正外部性、高成本、高风险及回报周期长等特征（Holmstrom，2013）。

本章内容安排如下：第一部分是制度背景与研究假设；第二部分是研究设计，对本章基准模型设定，描述变量定义，说明样本所需数据来源；第三部分是实证结果与分析，对研发费用加计扣除政策对先进制造业企业技术创新效率的影响及异质性进行分析，进行了稳健性检验并解决可能存在的内生性问题；第四部分为机制检验，拓展讨论研发费用加计扣除政策对企业技术创新效率的影响；第五部分是小结。

4.1 制度背景与研究假设

4.1.1 制度背景

从激励企业技术创新层面看，我国的税收优惠主要包括企业优惠税率和小型微利科技企业优惠税率、研发费用加计扣除和固定资产加速折旧等政策。研发费用加计扣除政策能够通过降低税基的方式减少企业的应纳税所得额，现已成为最典型的激励企业技术进步的普惠性税收政策。根据《中国科技统计年鉴》数据显示，规模以上工业企业研发费用加计减免税额由2009年的141.33亿元上升至2017年的569.88亿元。从企业技术创新阶段来看，研发费用加计扣除政策对企业技术创新效率的有效性体现在两个环节：成果转化阶段是否增加科研成果以及产品市场阶段是否增加经济收益。现有研究关于税收优惠对研发投入影响的文献较多，但较少从企业创新价值链视角关注税收优惠对企业技术创新效率的影响。在此，本章要深入考察的核心问题是基于成果转化和产品市场双重视角，研发费用加计扣除政策对企业技术创新效率的影响及作用机制。

我国的研发费用加计扣除政策起始于1996年，自实施以来历经多次变革，改革重点主要围绕适用范围扩大、立法层级提升、费用归集口径拓宽、加计扣除比例提高和抵扣年限延长展开（郭健等，2020）。目前已形成以法律为基准，以行政法规和部门规章为实施依据，以地方政府规章为执行办法的多层次研发费用政策体系。我国的研发费用加计扣除政策沿革历程如表4－1所示。

表4－1　研发费用加计扣除政策沿革

阶段	政策调整内容	改革重点
1996～2002年	适用于国有、集体企业，研发费用较上年的增长比例10%以上（含）可享受加计扣除50%	以暂行条例形式予以规定，适用范围较窄

续表

阶段	政策调整内容	改革重点
2003～2005年	适用范围扩大至所有财务核算制度健全、实行查账征收企业所得税的各种所有制工业企业	适用范围扩大
2006～2007年	适用范围进一步覆盖了财务核算制度健全、实行查账征收的科研机构、大专院校及合资企业。此外，取消了研发费用增长比例的要求，调整为按实际发生额加计扣除50%，企业实际发生的研发费用不足抵扣的部分，可在之后5年内企业应纳税所得额中结转抵扣	适用范围实行普惠
2008～2012年	研发费用加计扣除政策以法律形式予以确认，政策逐步变得系统化和体系化，并对政策适用的范围、研发活动的定义、研发费用的归集口径、政策的执行管理等做了明确规定	以法律形式确认，立法层级提升，政策实施要点更加明晰
2013～2014年	将研发人员的“五险一金”等纳入研发费用的归集范围	费用归集范围扩大
2015～2017年	进一步扩大享受优惠的企业研发活动及研发费用的范围，大幅缩小了研发费用加计扣除与企业认定研发费用归集口径的差异，并首次明确了负面清单制度，除烟草制造业等六个行业外，其他企业均可享受优惠政策，同时允许企业的与研发活动相关支出不超过10%的部分也纳入加计扣除的范围	费用归集口径拓宽
2018年	加计扣除比例75%扩大至所有企业	加计扣除比例提高实行普惠

资料来源：根据国家税务总局政策文件整理得出。

从表4－1中可以清晰看到研发费用加计扣除的政策沿革。从政策的立法层级来看，研发费用加计扣除经历了由暂行条例形式规定到以法律形式予以确认。从政策的适用主体范围来看，研发费用加计扣除中的适用主体从国有、集体企业到财务核算制度健全、实行查账征收的各种所有制工业企业再增加财务核算制度健全、实行查账征收的科研机构、大专院校及合资企业，最终涉及所有企业，适用范围实行普惠。从政策的归集口径来看，研发费用加计扣除不断将研发人员“五险一金”等其他与研发活动相关支出纳入归集范围。从扣除比例来看，研发费用加计扣除由50%提高至75%，其中，制造业研发费用加计扣除比例为100%。

4.1.2 研究假设

1. 研发费用加计扣除与企业技术创新效率

税收优惠是影响企业技术创新活动的重要政策因素（Crzarnitzki et al.，2007；Thomson，2010），研发费用加计扣除政策因其优惠力度大、约束条件少，已成为各国普遍使用的研发税收优惠政策。该政策对企业技术创新效率的影响主要体现为：第一是增加企业资金供给。税收优惠政策能够提升企业技术研发活动的税后利润率（Klassen et al.，2004）。税收净利润留成直接影响企业创新预期收益率与资本再投资循环（张晖明等，2017）。研发费用加计扣除政策通过降低企业税基的方式间接增加了资金供给，提升了企业对高风险、高成本的研发项目的投资动机和能力，增加企业用于技术创新项目的研发投入，进而提高企业的创新产出和创新效率。第二是降低技术创新风险。企业技术创新活动的不确定性会放大研发投资风险（Eberhart et al.，2008），并使其在创新投资上的风险厌恶在一段时间内持续（Tassey，1997）。研发费用加计扣除政策能够直接分担技术创新风险，降低企业未来自由现金流的不确定性和风险损失，缓解企业面临的融资约束，优化企业的人力、资金等要素的资源配置，从而对企业技术创新效率产生积极影响。第三是降低研发成本。税收优惠政策通过降低成本促进企业增加研发投入（Bloom et al.，2002）。企业的研发边际成本随着研发投入的增加而增加，当研发边际成本达到企业不能承受的临界值时，研发投入才会停止。研发费用加计扣除政策降低了研发活动的边际成本，使企业在临界值内能够继续增加研发投入，实现企业技术创新效率的提升成果（Porter，2000）。

基于政策的公共性和导向性，需对税收优惠政策对企业技术创新效率的实施效果进行评估。根据汉森和胡利安（Hansen and Julian，2007）提出的创新价值链概念，技术创新效率是一个包含多重创新要素投入、多重创新阶段的价值链形成的一种动态演进的竞争优势。本章将技术创新活动分为两个阶段：第一阶段是研发投入转化为科研成果的成果转化阶段，第二阶段是科研成果转化为经济收益的产品市场阶段。研发费用加计扣除政策对企业技术创新效率产生的影响分为两个方面：

一是成果转化阶段能否增加专利申请，二是产品市场阶段能否提升经济收益。

研发费用加计扣除政策的成果转化效应。企业技术创新活动是一个较为复杂的系统工程，其中的成果转化阶段是指企业通过进行的研发、开发测试等活动转化为科技成果的过程，衡量企业运用研发投入转化为科技成果的技术创新效率。根据成本效应和公共经济学理论，研发费用加计扣除政策直接弥补企业部分研发费用支出，增加企业资金收益（戴晨等，2008），消除企业研发创新活动产生的外部效应，降低企业研发成本。此外，研发费用加计扣除政策给予企业从事的高风险、高成本、不确定的研发活动一定的风险补偿，可以缓解研发过程中信息不对称，降低企业成果转化过程中的投资成本的投资风险，激励企业增加研发投入，而高水平的研发投入势必会增加科研成果的产出（罗明新等，2013），极大地提高企业在成果转化阶段的技术创新效率。

研发费用加计扣除政策的产品市场效应。产品市场阶段是指企业将科技成果转化为经济收益的过程，主要包括产品生产、管理及销售等环节，反映了企业将科技成果转化为经济收益的技术创新效率。基于信号传递视角，研发费用加计扣除政策反映了政府对企业技术创新活动的扶持态度，可以引导企业开展自主创新，向市场传递出积极信号，为企业挖掘潜在客户，直接提升创新产品的市场效应（杨洋等，2015）。此外，研发费用加计扣除政策为企业减免的资金能够用于产品的生产、管理和销售环节，扩大产品市场收益，从而企业能将更多资金投入到技术创新活动中，依次形成良性循环，促进收益实现技术创新的提升（肖文等，2014）。基于以上分析，提出如下假设：

假设 H_{4-1}：研发费用加计扣除政策对先进制造业企业成果转化阶段和产品市场阶段的技术创新效率均有提升作用。

2. 研发费用加计扣除政策对企业技术创新效率的影响机制

综合现有研究，本章将研发费用加计扣除政策对企业技术创新效率的影响路径归结为研发投入、融资约束、交易费用。其中，研发费用加计扣除政策通过研发投入、融资约束对成果转化效率产生影响，通过为研发投入和交易费用对产品市场效率产生影响。具体影响机制见图4－1。

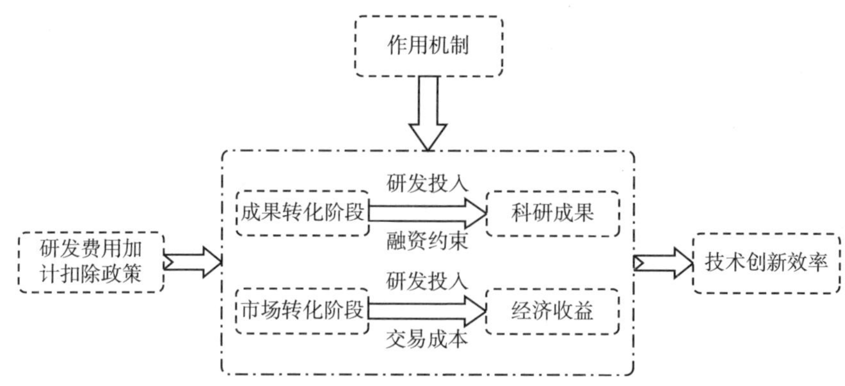

图 4-1　研发费用加计扣除政策对企业技术创新效率的影响机制分析

研发投入是企业开展技术创新活动必要的投入资源，是企业技术创新价值链过程的基本要素。企业研发投入属于企业成本的一部分，主要用于企业开展技术研发、成果转化、产品设计和人才引进等方面。企业技术创新的不确定性主要体现在成果转化阶段和产品市场两个阶段。由于创新的方向、过程以及结果的不确定性，企业的成果产出和经济收益将难以达到预期水平，这在一定程度上抑制了企业进行技术创新活动的积极性（胡凯和吴清，2018）。研发费用加计扣除政策能够通过减轻税负的方式为企业承担一部分技术创新风险和创新成本，降低企业开展技术创新活动的不确定性（邓力平等，2020）。在获得一定的风险补偿情况下，企业开展技术创新活动的积极性会随之提高，会加大研发投入，有助于科研成果的产出和产品销售收入的增加，为企业提高投资回报率，保证企业开展技术创新活动的持续性和稳定性，实现投入—产出—收益的良性循环，最终实现企业在成果转化和产品市场阶段内技术创新效率的提升。由此，提出假设 H_{4-2}：

假设 H_{4-2}：研发费用加计扣除政策通过增加企业研发投入，对企业成果转化效率和产品市场效率产生促进作用。

融资约束是制约我国企业转型和升级的重要瓶颈之一。根据 MM 定价原理，企业在进行技术创新、组织变革过程中往往存在信息不对称问题，此时需要企业向外部债权人弥补信息不对称引起的风险溢价，从而导致外部融资成本较高（Atanassov and Liu，2014）。一方面，企业自身的融资约束越高，所面临的财务风险也会增加，从而企业开展与技术升级相关的研发创新活动的意愿将随之降低，不利于企业科研成果产出，最终无法实现企业技术创新效率的提升（林小玲和张凯，2019）。另一方面，融资约束会扭曲企业的市场进入与技术改进决策，最终导致资源错配和技术创新效率的损失（Caggess and Cuat，2013），在一定时期内抑制科研成果转化效率。萨维耶（Savignac，2006）研究发现，融资约束抑制企业创新投入，从而不利于企业技术创新效率的提升。研发费用加计扣除政策能够增加企业用于技术创新活动的可支配收入，缓解企业面临的融资约束和财务风险，对成果转化效率的提升具有显著的激励作用。基于以上分析，提出假设 H_{4-3}：

假设 H_{4-3}：研发费用加计扣除政策通过缓解企业融资约束，对企业成果转化效率产生促进作用。

交易费用是指企业生产过程之外产生的所有费用（Cheung，1987），其在特定的交易中才能实现企业收益的最大化。广义的交易费用包括地点专用性费用、实物专用性费用、人力专用性费用、专项专用性费用、时间专用性费用和品牌专用性费用。从企业角度而言，专用性交易费用包括为了提高企业产品经济收益的管理费用、财务费用和销售费用。交易性费用能够赋予企业异质化资本和市场优势，提高产品的市场适应性、市场竞争力和品牌知名度，扩大企业的产品收益。研发费用加计扣除政策为企业增加的资金收入部分，除用于成果转化阶段的生产环节，还会用于为扩大技术创新产品收益的市场环节，适当增加企业的必要性交易费用，能够更好地提升产品的经济收益，提升创新价值链中的产品市场效率。基于此，提出假设 H_{4-4}：

假设 H_{4-4}：研发费用加计扣除政策通过增加企业交易费用，进而提升企业产品市场效率。

4.2 研究设计

4.2.1 基准模型设定

为检验研发费用加计扣除政策对先进制造业企业技术创新效率的影响，构建如下实证模型：

$$Te_{ijt} = \alpha_0 + \alpha_1 Incen_{ijt} + \alpha_2 Z_{ijt} + u_j + v_t + \varepsilon_{ijt} \tag{4-1}$$

其中，i 表示企业，j 表示行业，t 表示年份；因变量 Te 表示企业的技术创新效率；Z 表示控制变量，包括企业异质性和企业所处外部环境特征变量；u_j、v_t 分别表示行业和年份的固定效应；ε_{ijt}为残差项。

4.2.2 数据来源

本章研究立足于企业层面，以我国先进制造业上市公司为研究样本，重点考察研发费用加计扣除政策对于先进制造业企业技术创新效率的影响。数据来自 Wind 和 Csmar 数据库，部分缺失数据借助企业上市公司年报进行查找补全。参照制造业十大重点领域以及相关学者（李杨和程斌琪，2017；贺雪姣和金强，2018）的界定标准，将《国民经济行业分类》（GB/T 4754－2017）中的仪表制造业，通用设备制造业，专用设备制造业，铁路、船舶、航空航天和其他运输设备制造业，电气机械和器材制造业，计算机、通信和其他电子设备制造业等行业界定为先进制造业，最终确定样本为 655 家先进制造业上市公司，样本观测期为 2009～2018 年。除此以外，用于处理产出变量和投入变量的工业品出厂价格指数和固定资产投资价格指数均来自国家统计局，并且以 2009 年为基期处理。

4.2.3 变量定义

1. 被解释变量：企业技术创新效率

现有文献在度量企业技术创新效率方面，主要运用 DEA（数据包络分析方法）和 SFA（随机前沿分析）两种效率分析方法。其中，与 DEA 方法相比，SFA 方法虽需设定具体的生产函数形式，但能够克服一些不可观测变量和随机扰动项的影响，对样本中异常值的敏感性较低，并且可以同时研究面板数据中各影响因素对技术创新效率的影响（Batteses et al.，1996）。因此，本章选择 SFA 方法作为先进制造业企业技术创新效率的测算方法。

艾格纳等（Aigner et al.，1968）提出，前沿分析法通过建立具体的生产函数和前沿面来测算技术创新效率。前沿分析法分为确定性前沿与随机前沿两种方法，确定性前沿是指将所有可能影响产出的因素纳入非效率项，其测算出的效率值与实际效率值之间会产生较大差异。为克服这一不足，艾格纳等（Aigner et al.，1997）和缪森等（Meeusen et al.，1997）提出使用随机前沿法测算技术创新效率，将误差划分为管理误差和随机误差，管理误差指非效率项，代表可控因素，随机误差指系统误差，代表不可控因素。该模型最初应用于截面数据，随着模型的应用范围的不断扩大，一些学者发现使用面板数据进行估计更加准确，最早由巴特斯和科埃利（Battes and Coelli，1992）进行了这一尝试，也被称为BC模型。该模型如下所示：

$$Y_i = f(x_i,\ \beta)\exp(v_i)\exp(-u_i),\ i = 1,\ \cdots,\ N \quad (4-2)$$

其中，Y_i 表示产出，x_i 表示投入，β 为待估参数。式（3－3）中，随机扰动项由两部分组成，即随机误差项 v_i 和技术非效率 u_i。个体的技术创新效率表示为：$TE = \exp(-u_i)$。当 $u_i = 0$ 时，表示该个体处于生产前沿面上，具有技术创新效率；当 $u_i > 0$ 时，表示该个体处于生产前沿面下方，为技术无效率状态。

运用SFA模型分析前需要设定具体生产函数形式。目前在实证研究中较为常用的生产函数有柯布—道格拉斯生产函数（C－D生产函数）、超越对数生产函数（Translog函数）、距离函数及傅立叶变换函数等。随机前沿模型中的生产函数包括柯布—道格拉斯生产函数与超越对数生产函数两种。C－D生产函数的产出弹性固定且技术中性的条件在现实运用中很难满足。相对来说，超越对数生产函数放宽了对弹性固定、技术中性的假设、包容性更好（王萍萍等，2018），在模拟实际情况方面的运用更具有可行性。基于此，本章采用Translog函数生产函数进行技术创新效率的测算，模型设定为：

$$Iny_{it} = \beta_0 + \sum_j \beta_j x_{jit} + 1/2 \sum_j \sum_k \beta_{jk} In_{jit} + v + u_{it} \quad (4-3)$$

其中，β 为待估计变量的系数，j 和 k 代表第 j 个和 k 个投入变量，其余变量和误差项与前文保持一致。

根据效率测算的基本原理，从投入和产出两个维度构建先进制造业技术创新效率评价指标体系。先进制造业的创新产出包括成果转化和产品市场两个阶段，其在两阶段的技术创新效率分别为成果转化效率（Pte）和产品市场效率（Mte）。

研发费用加计扣除政策的有效性也体现在两个环节，即产出阶段是否产生专利与市场阶段是否增加收益。先进制造业技术创新在成果转化阶段的产出体现在研发创新活动，如专利等；在产品市场阶段则体现在技术创新产品的商品化。此外，专利申请与专利授权的保护范围和时间范围存在不一致，专利申请的保护范围大于专利授权。专利授权若存在变更，两者之间的时间范围将会存在差别。专利申请数比专利授权数更能体现企业创新产出情况。基于此，本章分别采用专利申请数和营业收入构成中属于技术产品的部分作为成果转化和产品市场阶段的产出变量进行分析。其中，技术产品的销售收入根据工业品出厂价格指数折算为2009 年的不变价格。在投入变量方面，劳动投入和资本投入是衡量技术创新投入的通常变量（吕岩威等，2014）。现有文献估算资本存量的通常采用永续盘存法（涂正革等，2014），但该方法存在的问题是折旧率和初期资本存量的差异直接影响最后的估算结果出现偏差。为避免这一问题，本文借鉴涂正革等（2005）的做法，采用固定资产净额[①]衡量资本投入（K），并以固定资产投资价格指数将其折算为 2009 年的不变价格。就劳动投入（L）而言，本章借鉴王萍萍等（2019）以企业员工数目的年平均值表示。

2. 解释变量：研发费用加计扣除优惠强度（Incen）。

本章借鉴任海云等（2017）的研发加计扣除优惠强度的评估方法，以研发支出加计扣除带来的企业投入成本减少量占企业总资产的比重来衡量优惠强度。Incen = 研发投入 × 税前扣除率（v）× 企业所得税率（t）/总资产。其中，税前扣除率（v）的计算公式如下：$v = [1 - B(1 - t)]/t$。其中，B 为沃德（Ward，2001）设计的 B 指数，是指每单位研发投入的实际税后成本。具体测算方法参考了戴晨等（2008）的研究。

3. 控制变量

本章选取如下企业层面和外部环境特征层面的控制变量，企业层面的控制变量包括：（1）企业规模（Size）。以企业年末总资产的自然对数表示。（2）出口总量（Ex），以企业当年出口总额加 1 的自然对数衡量。（3）企业年龄（Age）。采用当年年份与企业上市年份的差值衡量。（4）资产负债率（Roa）。采用营业利润占资产总额的比例衡量。

企业外部环境特征的控制变量包括：（1）财政压力（Fp）。参照罗

① 2007 年实施新的会计准则后，固定资产净额中的投资性房地产净额单独核算。本章中固定资产净额加入了投资性房地产净额。

必良（2015）的研究，财政压力以各省级预算内财政支出与财政收入的差额与预算内财政收入的比重衡量，该值越大，表明地方财政压力越大。地方财政压力的大小，会直接影响税收等政府资金收入渠道情况，对企业技术创新效率产生影响。（2）企业避税（DDbtd）。借鉴德赛等（Desai et al.，2006）、叶康涛等（2014）的研究，采用扣除应计利润影响的会税差异来衡量企业避税程度。具体计算方法为：$DDbtd_{it} = \alpha TA_{it} + u_i + \varepsilon_{it}$。其中，$BTD_{it}$为公司i在第t年的账税差异，计算公式为（税前会计利润－应纳税所得额）/期末总资产，TA_{it}为公司i在第t年的总应计利润，总应计利润等于（净利润－经营活动产生的净现金流）/总资产，u_i表示公司税负差异不随时间变动的固定特征部分，ε_{it}表示公司税负差异的变动特征部分。DDbtd值越大，表明企业避税程度越高。（3）制度环境（Ins）。参照樊纲等（2018）编制的我国《中国分省份市场化指数报告》，选择分省企业经营环境指数来加以衡量。由于该报告所披露的分省企业经营环境指数截至2016年，2016年及以后的企业经营环境指数通过以年度为变量的OLS回归递推得到。

4.3　实证结果与分析

4.3.1　基准回归结果

为验证研发费用加计扣除对先进制造业企业技术创新效率的影响，使用OLS回归方法和行业层面聚类稳健标准误估计，并对年份、企业和行业特征进行控制进行实证检验。表4－2报告了研发费用加计扣除强度对先进制造业企业的基准回归结果。模型（4－1）其中，第（1）列的被解释变量为成果转化效率，第（4）列的被解释变量为产品市场效率，均是在未引入任何控制变量，但只控制年份、行业特征的直接回归结果。第（2）列、第（3）列和第（5）列、第（6）列分别是在模型中引入了企业层面和企业外部环境层面控制变量的回归结果，由第（1）列和第（4）列的估计结果可知，研发费用加计扣除强度变量在1%的显著性水平下为正，表明研发费用加计扣除强度对企业成果转化效率的产品市场效率具有积极的提升作用。从第（2）列、第（3）列、第（5）列和第（6）列中核心解释变量的回归结果，在逐步引入企业特征变量和企业外部环境变量的过程中，研发费用加计扣除强度变量的系数均显著为正，充分表明研发费用加计扣除强度对企业成果转化效率和产品市场效率的正向影响是较为稳健的，支持了本章研究假设 H_{4-1}。

表 4－2　研发费用加计扣除强度对企业技术创新效率影响的基准回归结果

变量	Pte			Mte		
	(1)	(2)	(3)	(4)	(5)	(6)
Incen	0.029*** (0.008)	0.037*** (0.008)	0.021*** (0.008)	0.012* (0.006)	0.029*** (0.009)	0.027*** (0.009)
Size		0.027*** (0.003)	0.029*** (0.003)		0.083*** (0.004)	0.082*** (0.003)
Ex		0.144** (0.009)	0.011** (0.002)		−0.001 (0.004)	−0.001 (0.006)
Age		0.018** (0.008)	0.102** (0.005)		0.021** (0.009)	0.013* (0.007)
Roa		−0.016 (0.015)	−0.182 (0.020)		−0.049*** (0.018)	−0.023*** (0.007)
Fp			−0.083** (0.009)			−0.019* (0.004)
DDbtd			0.012* (0.005)			0.018** (0.002)
Ins			0.008* (0.004)			0.012** (0.008)
Cons	0.019*** (0.006)	−0.188*** (0.019)	−0.230* ** (0.040)	0.056*** (0.001)	−0.442*** (0.023)	−0.340*** (0.050)
年份	控制	控制	控制	控制	控制	控制
行业	控制	控制	控制	控制	控制	控制
观测值	5435	5435	5435	6508	6508	6508
R^2	0.025	0.248	0.255	0.287	0.548	0.558
方法	OLS	OLS	OLS	OLS	OLS	OLS

注：***、**和*分别代表1%、5%和10%的显著性水平，括号中的数字为稳健标准误。

从企业特征方面的控制变量来看，企业规模、企业年龄的估计系数均显著为正，说明规模较大和年龄较长的企业在技术创新效率提升方面更有优势。从资产收益率的估计系数来看，资产收益率高的企业更具产品市场效率优势。而出口总额高的企业在成果转化效率方面更具优势，主要原因在于“出口学习”效应，企业通过出口可以获取新技术，激发企业进行自主研发创新，从而对企业的成果转化产生积极影响。在企业外部环境方面的控制变量中，地方财政压力的估计系数均显著为负，表明企业所处地区的财政压力对企业技术创新效率具有显著的负向影响。企业避税和制度环境的估计系数均显著为正，表明企业避税、制度环境对企业技术创新效率具有显著的正向影响。

4.3.2　异质性视角的分析

研发费用加计扣除政策对企业技术创新效率的影响，与企业的所有制性质、企业所在地区的经济发展水平密切相关。基于此，进一步考察研发费用加计扣除对企业技术创新效率的所有制异质性和地区异质性影响。

1. 所有权性质异质性分析

根据企业的所有权性质，将企业划分为国有企业和非国有企业两组，研究不同所有制性质下研发费用加计扣除对企业技术创新效率的影响差异。企业所有制性质的不同决定了其所面临的市场环境、融资约束、政策资源等方面存在差别，进而研发费用加计扣除政策对不同所有制企业研发创新活动的影响也不同。就国有企业而言，由于存在以上三个方面原因，可能会降低研发费用加计扣除政策对于企业技术创新效率的影响：一是由于存在体制比较僵硬不够灵活、产权较不明晰、委托代理等问题，在一定程度上无法适时调整企业创新方向和策略，可能导致企业的创新激励不足，最终降低了研发费用加计扣除政策对于企业技术创新效率的影响；二是国有企业凭借与政府的“特殊关系”能够获得更多的政策扶持和高额行业垄断利润，并在获得银行等金融机构的资金支持方面更具优势，进而国有企业的融资约束程度低于非国有企业，对税收优惠的敏感度较低（王跃堂等，2012）；三是国有企业由于其自身性质承担着更多的社会责任，一定程度上削弱了其从事不确定性、高风险性的技术创新活动的动机（Shleifer and Vishny，1993）。研发费用加计扣除政策可能会对国有企业技术创新效率的提升作用偏低。

基于研发费用加计扣除对企业技术创新效率影响的所有制异质性检验结果如表4－3所示。研发费用加计扣除强度变量的显著性和系数值表明，研发费用加计扣除政策对非国有企业技术创新效率的促进作用高于国有企业。区分企业所处技术创新的不同阶段可发现，研发费用加计扣除政策对于非国有企业的产品市场阶段和成果转化阶段的技术创新效率均具有显著的促进作用，而对于国有企业仅在产品市场阶段具有促进作用。

表4－3　　　　基于所有制异质性的回归结果

变量	Pte		Mte	
	国有企业	非国有企业	国有企业	非国有企业
	(1)	(2)	(3)	(4)
Incen	0.014 (0.009)	0.040*** (0.014)	0.023* (0.011)	0.049** (0.020)
Cons	-0.458*** (0.108)	-0.330*** (0.100)	-0.513*** (0.123)	-1.209*** (0.238)
控制变量	控制	控制	控制	控制
年份	控制	控制	控制	控制
行业	控制	控制	控制	控制
观测值	2438	2997	2575	3933
R^2	0.273	0.379	0.302	0.582

注：***、**和*分别代表1%、5%和10%的显著性水平，括号中的数字为稳健标准误。

2. 行业异质性

本章参照童锦治等（2018）的划分标准，将计算机、通信和其他电子设备制造业划分为高科技行业，其余为传统行业。就行业属性而言，高科技企业的发展高度依赖于不断升级发展的前沿技术，具有较强的创新动力和意愿，对税收优惠的敏感程度较高（张同斌等，2012），更期望于从研发费用加计扣除等税收优惠政策中获得更多受益。而传统行业的竞争力可能更多地来自人力资源、销售网络拓展与维护、成本控制等能力，在从事高风险性的研发创新活动决策中更为慎重。可以推断，研发费用加计扣除政策对高科技企业技术创新效率的促进作用可能更大。

基于研发费用加计扣除对企业技术创新效率影响的行业异质性检验结果如表4－4所示。总体上看，研发费用加计扣除政策对高科技行业和传统行业企业的成果转化效率和产品市场效率均具有显著促进作用。通过研发费用加计扣除强度变量的系数值来看，无论是在成果转化效率和产品市场效率方面，研发费用加计扣除政策对高科技行业的促进作用更大。

表4－4　　基于行业异质性的回归结果

变量	Pte		Mte	
	高科技行业企业	传统行业企业	高科技行业企业	传统行业企业
	（1）	（2）	（3）	（4）
Incen	0.047*** （0.02）	0.020** （0.008）	0.044** （0.015）	0.011** （0.005）
Cons	－0.942** （0.360）	－0.267*** （0.059）	0.737*** （0.093）	－0.829*** （0.063）
控制变量	控制	控制	控制	控制
年份	控制	控制	控制	控制
行业	控制	控制	控制	控制
观测值	1002	4433	1242	5266
R^2	0.516	0.206	0.499	0.580

注：***、**和*分别代表1%、5%和10%的显著性水平，括号中的数字为稳健标准误。

3. 企业特征异质性

根据企业成果转化效率和产品市场效率的中位数，可以将企业划分为高技术创新效率企业和低技术创新效率企业两组，分别对其进行异质性检验。与高技术创新效率企业相比，研发费用加计扣除政策对低技术创新效率企业研发投入的激励作用更明显。究其原因，一是高技术创新效率企业大多处于成长期或成熟期，拥有比较稳定的经营收益和占据一定的市场份额（刘诗源等，2020）；二是高技术创新效率企业享受到的创新激励政策类型较多，除研发费用加计扣除、企业优惠税率、固定资产加速折旧等税收优惠政策，还包括财政补贴、产业政策、知识产权保护政策及金融扶持政策等；三是高技术创新效率企业基本具备了顺畅的融资渠道、较低的研发风险和较高的风险承受能力，对税负变化的敏感度降低。因此，研发费用加计扣除的激励效应呈边际效用递减趋势。比较而言，低技术创新效率企业往往难以满足相关政策扶持条件，融资渠道较窄，对税负变化的敏感程度较高，对研发创新具有较高的动机，以提高自身技术创新效率并缩小同高技术创新效率企业的差距。可以推断，与高技术创新效率企业相比，研发费用加计扣除对低技术创新效率企业的提升作用更大。

研发费用加计扣除对企业技术创新效率影响的企业特征异质性检验结果如表4－5所示。由表4－5中第（1）~（2）列的研发费用加计扣除强度变量的估计系数可知，研发费用加计扣除政策对低成果转化效率企业具有显著提升作用，对高成果转化效率企业的影响不显著。第（3）~（4）列中研发费用加计扣除强度变量的显著性和系数值表明，研发费用加计扣除政策对低产品市场效率企业的提升作用大于高产品市场效率企业。由此，验证了研发费用加计扣除对低技术创新效率企业的提升作用更大的推断。

表4－5　　基于企业特征异质性的回归结果

变量	Pte		Mte	
	高成果转化效率	低成果转化效率	高产品市场效率	低产品市场效率
	(1)	(2)	(3)	(4)
Incen	0.008 (0.005)	0.024*** (0.007)	0.023* (0.011)	0.002* (0.001)
Cons	−0.003** (0.001)	−0.489*** (0.081)	0.800*** (0.048)	−0.026*** (0.002)
控制变量	控制	控制	控制	控制
年份	控制	控制	控制	控制
行业	控制	控制	控制	控制
观测值	2570	2865	2660	3848
R^2	0.438	0.234	0.149	0.727

注：***、**和*分别代表1%、5%和10%的显著性水平，括号中的数字为稳健标准误。

4.3.3　稳健性检验

为验证研究结论的可靠性，本章将采用系统 GMM 和替换被解释变量的方式进行稳健性检验。

1. 内生性检验

企业的技术创新效率越高，一定程度上表明企业的研发费用处于较高水平。相应地，企业能够享受到的研发费用加计扣除强度也处于较高水平。因此，企业的研发费用加计扣除强度与技术创新效率之间存在反向因果导致的内生性问题。基于此，本章利用系统广义矩估计（Generalized Method of Moments，GMM）解决研发费用加计扣除强度与技术创新效率之间互为因果的内生性问题。GMM 方法从矩条件出发，构造包含参数的方程，无须对变量分布进行设定，也无须了解随机干扰项的分布信息，能够有效解决内生性问题。考虑到政策的滞后性，企业技术创新效率可能存在一定的路径依赖。因此，本章在式（4－1）的基础上，加入企业技术创新效率的一阶滞后项，以控制模型可能存在的动态效应（胡兵等，2013）。动态面板模型构建为：

$$Te_{ijt} = \alpha_0 + \alpha_1 TE_{ij,t-1} + \alpha_2 Incen_{ijt} + \alpha_3 Z_{ijt} + u_j + v_t + \varepsilon_{ijt} \qquad (4-4)$$

式中，下标 i、j、t 分别代表企业、行业、年份，u_j 为行业固定效应，v_t 为年份固定效应。$Te_{ij,t-1}$ 表示企业技术创新效率的一阶滞后项，其他符号和变量含义与基准回归相一致。表 4－6 展示了动态面板模型的估计结果，第（1）列和第（2）列中 Incen 的系数在 1% 的水平上均显著为正，说明研发费用加计扣除强度对成果转化效率与产品市场效率具有促进作用。以上回归结果说明，在进一步考虑研发费用加计扣除与技术创新效率之间的内生性问题后，本章的研究结论依旧稳健。

表 4－6　　　　动态面板模型估计结果

变量	Pte	Mte
	(1)	(2)
L1. Te	1.128*** (0.008)	0.926*** (0.008)

续表

变量	Pte	Mte
	(1)	(2)
Incen	0.040*** (0.004)	0.063*** (0.002)
Size	0.018*** (0.004)	0.041*** (0.002)
Ex	0.004* (0.002)	0.001 (0.002)
Age	0.091*** (0.019)	0.052*** (0.002)
Roa	-0.014*** (0.002)	-0.059*** (0.004)
Fp	-0.006*** (0.001)	-0.015*** (0.002)
DDbtd	0.017*** (0.001)	0.046*** (0.003)
Ins	0.073*** (0.001)	0.012*** (0.001)
Cons	0.019*** (0.007)	-0.173*** (0.010)
AR（1）	0.006	0.018
AR（2）	0.900	0.116
Sargan 检验	0.384	0.266
观测值	5435	6508
方法	SYS-GMM	SYS-GMM

注：(1) ***、** 和 * 分别代表 1%、5% 和 10% 的显著性水平，括号中的数字为稳健标准误；(2) AR（1）、AR（2）和 Sargan 检验分别提供相对应的 P 值；(3) L1. 代表变量的滞后一期。

2. 替换被解释变量

本章采用改变被解释变量的测算方法对基准结论进行稳健性检验。

结合宣烨等（2011）DEA测度方法，采用Malmquist指数，以本章研究的产出、投入数据测算企业的技术创新效率，替换前文中使用SFA方法测算的Pte和Mte。在固定规模报酬（CRS）情况下，基于产出的Malmquist生产率指数可以表示为：

$$M_0^t = D_0^t\ (x^{t+1},\ y^{t+1})\ /D_0^t\ (x^t,\ y^t) \tag{4-5}$$

式（4-5）中，D_0表示基于产出的距离函数，M_0^t代表在t期的技术条件下，从时期t到时期t+1的Malmquist生产率指数，同理可以构建在t+1时期的技术条件下，从时期t到时期t+1的Malmquist生产率指数为：

$$M_0^{t+1} = D_0^{t+1}(x^{t+1},\ y^{t+1})/D_0^{t+1}(x^t,\ y^t) \tag{4-6}$$

由式（4-6）可以看出，从t期到t+1期同样的时期间隔下，由于技术参照条件的差异性可以构建出两个不同的Malmquist生产率指数。为了避免误差值，D. Cavesetall（1982）将Malmquist生产率指数定义为式（4-5）和式（4-6）的几何平均值：

$$\begin{aligned} M_0(x^{t+1},\ y^{t+1};\ x^t,\ y^t) &= \left[\frac{D_0^t(x^{t+1},\ y^{t+1})}{D_0^t(x^t,\ y^t)} \times \frac{D_0^{t+1}(x^{t+1},\ y^{t+1})}{D_0^{t+1}(x^t,\ y^t)}\right]^{1/2} \\ &= \frac{D_0^{t+1}(x^{t+1},\ y^{t+1})}{D_0^t(x^t,\ y^t)} \times \left[\frac{D_0^t(x^{t+1},\ y^{t+1})}{D_0^{t+1}(x^{t+1},\ y^{t+1})} \times \frac{D_0^t(x^t,\ y^t)}{D_0^{t+1}(x^t,\ y^t)}\right] \\ &= TE \times TC \end{aligned} \tag{4-7}$$

式（4-7）中，$M_0(x^{t+1},\ y^{t+1};\ x^t,\ y^t)$为Malmquist生产率指数，TE为技术效率变化指数，反映决策单元在每个单位时期内实际产出与最优产出的差距。TC的大小代表着从t到t+1期技术边界额的移动情况，反映了技术进步变化程度。如果Malmquis生产率指数大于1。表明从时期t到时期t+1的技术创新效率提高；反之则表明技术创新效率下降；如果等于1，表明时期t到时期t+1的技术创新效率没有发生变化。

表4-7　替换被解释变量的稳健性检验结果

变量	Pte-Dea			Mte-Dea		
	(1)	(2)	(3)	(4)	(5)	(6)
Incen	0.033*** (0.008)	0.040*** (0.007)	0.039*** (0.009)	0.015*** (0.003)	0.013** (0.005)	0.014*** (0.006)

续表

变量	Pte - Dea			Mte - Dea		
	(1)	(2)	(3)	(4)	(5)	(6)
Size		0.025*** (0.003)	0.028*** (0.002)		0.047*** (0.002)	0.049*** (0.003)
Ex		0.014*** (0.003)	0.015* (0.001)		-0.003 (0.005)	-0.005 (0.006)
Age		0.015** (0.007)	0.015** (0.007)		0.032*** (0.009)	0.020*** (0.003)
Roa		-0.014 (0.013)	-0.015 (0.013)		-0.016*** (0.005)	-0.013*** (0.003)
Fp			-0.022** (0.008)			-0.009* (0.004)
DDbtd			0.010* (0.001)			0.015 (0.022)
Ins			0.017* (0.009)			0.090*** (0.006)
Cons	0.025*** (0.005)	-0.169*** (0.017)	-0.193*** (0.035)	0.808*** (0.003)	0.442*** (0.012)	0.421*** (0.037)
年份	控制	控制	控制	控制	控制	控制
行业	控制	控制	控制	控制	控制	控制
观测值	5435	5435	5435	6508	6508	6508
R^2	0.299	0.246	0.289	0.359	0.570	0.647

注：***、**和*分别代表1%、5%和10%的显著性水平，括号中的数字为稳健标准误。

表4-7描述了以DEA-Malmquist指数测算的企业技术创新效率为被解释变量的稳健性检验回归结果。根据第（1）~（6）列估计结果可知，Incen的回归系数均显著为正，表明了研发费用加计扣除能够显著提升企业的成果转化效率和产品市场效率。通过对Incen系数值大小进行比较，在未加入控制变量和加入控制变量后，研发费用加计扣除对成

果转化效率的系数值均大于对产品市场效率的系数值，表明研发费用加计扣除对于企业成果转化阶段技术创新效率的促进作用大于产品市场阶段。控制变量的符号和显著性也与基准回归结果基本保持一致，证明基准研究结论具有稳健性。

4.4 研发费用加计扣除对企业技术创新效率的影响：作用机制检验

前文研究表明，研发费用加计扣除政策对企业技术创新效率具有显著提升作用，但其具体作用机制有待进一步探究。研发费用加计扣除政策主要通过降低企业税负的方式增加企业的资金收入，一定程度上能够缓解企业融资约束，从而对企业的研发创新活动产生直接和间接影响。研发费用加计扣除对于技术创新效率的作用机制主要表现在成果转化和产品市场两个阶段。在成果转化阶段，研发费用加计扣除政策主要通过降低企业的融资约束，增加企业用于技术创新活动的研发投入的方式促进企业专利产出的增加。在产品市场阶段，企业因研发费用加计扣除政策而增加的资金收益除增加产品的研发投入，还会用于增加产品的交易费用，以扩大产品的销售收入。基于此，本章从融资约束、研发投入两个方面分析研发费用加计扣除政策对企业成果转化效率的作用机制，从研发投入、交易费用两个方面分析研发费用加计扣除政策对企业产品市场效率的作用机制。

借鉴巴隆等（Baron et al.，1986）、温忠麟等（2014）的机制检验法，具体检验步骤如下：第一步，检验研发费用加计扣除政策对企业技术创新效率的影响。这一步的估计结果已在表4-2报告，研发费用加计扣除政策对Pte和Mte具有显著正向影响。第二步，检验研发费用加计扣除政策对上述中介变量的影响。第三步，将研发费用加计扣除变量与中介变量同时放入模型与企业技术创新效率进行回归分析，若研发费用加计扣除变量的系数不显著或在显著条件下系数降低，则表明上述机制得到验证。按照上述检验步骤，本章机制检验模型设定为：

$$Kz_{ijt}(Rd_{ijt}/Cost_{ijt}) = \alpha_0 + \alpha_1 Incen_{ijt} + u_j + v_t + \varepsilon_{ijt} \quad (4-8)$$

$$Te_{ijt} = \alpha_0 + \alpha_1 Incen_{ijt} + \alpha_2 Kz_{ijt}(Rd_{ijt}/Cost_{itj}) + \alpha_3 Z_{ijt} + u_j + v_t + \varepsilon_{ijt} \quad (4-9)$$

其中，Kz_{ijt}为融资约束，借鉴卡普兰和津加莱斯（Kaplan and Zingales，1997）、魏志华等（2014）的研究，根据公司经营性净现金流、股利、现金持有、资产负债率及 Tobin's Q 等财务指标构建融资约束指数（KZ 指数），具体计算参考了潘越等（2009）的计算方法。Rd_{ijt}为研发投入强度，以研发费用与企业当期营业收入的比重表示。$Cost_{ijt}$为交易费用，以企业销售费用、管理费用和财务费用占总资产的比重衡量（夏杰长等，2017）。其他符号和变量含义与上述研究相一致。

表 4 -8 列示了研发费用加计扣除政策影响企业技术创新效率的机制检验结果。根据机制检验法，第一步结果已在表 4 -2 列示。第二步结果表明，研发费用加计扣除政策对融资约束的系数显著为负，对研发投入和交易费用的系数为正，表明研发费用加计扣除政策有利于降低企业融资约束，增加企业研发投入和交易费用。第三步结果表明，同时加入研发费用加计扣除强度变量和融资约束变量后，研发费用加计扣除强度变量的系数降低为 0. 033，说明研发费用加计扣除政策通过降低企业融资约束提升了成果转化效率，融资约束是研发费用加计扣除政策提升企业成果转化效率的重要机制。用同样的方法分别验证研发投入、交易费用对技术创新效率的影响，说明研发费用加计扣除政策可以通过降低企业融资约束、增加研发投入提升企业成果转化效率，对产品市场效率的提升通过增加企业研发投入和交易费用来实现，验证了上述作用机制成立。

表 4 -8　　研发费用加计扣除影响企业技术创新效率的机制检验

被解释变量	Kz	Rd	Cost	Pte	Pte	Mte	Mte
Incen	0. 523 ** (0. 0160)	1. 470 *** (0. 449)	0. 041 ** (0. 014)	0. 033 ** (0. 010)	0. 027 *** (0. 008)	0. 030 *** (0. 004)	0. 024 *** (0. 003)
Kz				-0. 011 * (0. 005)			
Rd					0. 028 *** (0. 007)	0. 016 *** (0. 003)	
Cost							0. 052 *** (0. 013)

续表

被解释变量	Kz	Rd	Cost	Pte	Pte	Mte	Mte
控制变量	控制	控制	控制	控制	控制	控制	控制
年份固定效应	控制	控制	控制	控制	控制	控制	控制
行业固定效应	控制	控制	控制	控制	控制	控制	控制
观测值	6508	6508	6508	5435	5435	6508	6508
R^2	0.3172	0.157	0.106	0.248	0.280	0.547	0.554

注：***、** 和 * 分别代表 1%、5% 和 10% 的显著性水平，括号中的数字为稳健标准误。

4.5 本章小结

长期以来，如何提高企业技术创新效率成为学术界普遍关注的问题，研发费用加计扣除政策作为税收激励企业研发投入的重要税收政策，能否有效提升企业技术创新效率是本章关注的重点所在。鉴于此，利用 2009～2018 年先进制造业上市公司数据，通过构建固定效应随机前沿模型，从成果转化机制和产品市场机制视角实证分析了研发费用加计扣除政策对先进制造业企业技术创新效率的影响及作用机制，研究表明：研发费用加计扣除政策对先进制造业企业成果转化效率和产品市场效率均具有显著提升作用。异质性的分析表明，无论是成果转化效率还是产品市场效率，研发费用加计扣除政策对于非国有企业技术创新效率的提升作用高于国有企业，对于高科技行业企业技术创新效率的提升作用高于传统行业企业，对于高技术创新效率企业的提升作用高于低技术创新效率企业。进一步考察作用机制发现，研发费用加计扣除政策可以通过增加研发投入、缓解融资约束对企业成果转化效率产生积极影响，通过增加研发投入和交易费用提升企业产品市场效率。

第5章　高新技术企业所得税优惠税率的影响效应：基于成果转化视角的实证

企业技术创新效率是企业实现高质量发展的重要路径。高新技术企业所得税优惠税率作为一种直接税收优惠，不仅能够为企业减轻税负，增加企业资金收益，降低企业技术创新活动的成本，还会通过高新技术企业认定资质，帮助企业拓宽融资渠道和其他创新资源，有利于企业技术创新效率的提升。鉴于我国企业正处于技术转型的过渡期，关于高新技术企业所得税优惠税率对企业技术创新效率的研究，本章基于成果转化市场视角，阐释了高新技术企业所得税优惠税率对军民融合企业技术创新效率的影响机理并提出相应的假设，通过构建面板固定效应 SFA 模型实证检验高新技术企业所得税优惠税率对军民融合企业技术创新效率的影响及作用路径，并通过 β 收敛检验法对军民融合企业的技术创新效率差距进行了敛散性分析。本章为研究高新技术企业所得税优惠税率对军民融合企业技术创新效率的影响提供了经验证据，对于如何利用税收政策工具促进军民融合深度发展具有一定的启示意义。

本章的内容结构安排如下：第一部分阐述制度背景和相关理论分析并提出本章假设；第二部分说明数据样本选取、变量含义以及模型设定；第三部分分析 SFA 模型的实证检验结果，并进行了模型的异质性分析和军民融合企业技术创新效率的敛散性分析；第四部分为本章的稳健性检验部分；第五部分为本章小结。

5.1　制度背景与研究假设

本节基于军民融合发展战略背景，分析我国军民融合企业的发展现状以及存在的问题，并阐述军民融合企业与高新技术企业所得税优惠税率的关联性，阐述当前我国高新技术企业认定政策内容的变化，阐释高新技术企业所得税优惠税率对军民融合企业技术创新效率的影响机理并提出相应的研究假设。

5.1.1 制度背景

军民融合作为统筹推进国防建设和经济建设的重要战略决策，不仅能促进富国与强军目标的统一，也助于推进经济增长方式由要素驱动向创新驱动的转变。随着我国经济转入高质量发展阶段，军民融合已成为经济改革领域的研究热点之一。2015 年习近平总书记提出将军民融合上升为国家战略，党的十九大报告在此基础上将军民融合作为推进社会主义现代化强国建设坚定实施的“七大发展战略”之一。2018 年我国军民融合产业总产值达到 7.9 万亿元，较 2017 年增长 7.7%[①]，意味着军民融合产业进入了高速成长期。地方政府相继出台了推进军民融合的政策法规，资本市场也出现了军民融合概念股的热潮，逐步形成国防建设与社会经济融合发展的一体化格局。就目前情况而言，随着我国军民融合的不断发展，军民融合企业的研发创新不足、生产要素高投入及要素配置扭曲等问题逐步显现，这将不利于我国军民融合由初步融合向深度发展的转变。军民融合企业作为军民融合发展战略的重要载体，肩负着推动我国国防建设和经济发展的双重任务，其高质量、高效率发展是实现军民融合和制造强国双重战略的重要推动力。

军民融合是一个包含社会、制度、技术、资源等各个层面的有机整体，是指国防科技在军用工业与民用工业的深度结合和应用（苏子逢等，2020）。军民融合企业的特殊性决定了技术创新的核心地位。我国为促进国防科技创新，支持企业和科研院校开展国防技术研发活动，进一步提出军民融合科技创新发展战略，通过建立有利于国防科技创新的机制体制推进军民融合深度发展。现阶段，我国军民融合企业主要存在技术创新效率偏低、创新动力不足和创新机制不灵活的问题（陈晓和等，2019）。技术创新作为推动军民企业有效融合的纽带，直接影响着

① 资料来源：《2023－2029 年中国军民融合行业市场现状调研及投资机会预测报告》。

军民融合的深度和效率。

与其他行业企业相比，军民融合企业存在准入门槛高、信息不对称及技术较为前沿等特点，使其对政策工具的依赖更为突出。技术创新活动具有高风险、高成本及外部性特征，政府利用政策工具能够有效降低企业创新成本，扶持企业开展技术研发活动。税收优惠是政府为降低企业研发风险、加大企业研发投入及提升企业创新能力的政策目标而采用的政策工具。税收优惠是指通过少征税或不征税的方式减轻企业税负的间接补贴政策，与直接补贴相比，其对军民融合企业来说相对更为公平。目前，我国尚未出台以“军民融合”为主体的专项税收优惠政策，主要依靠针对企业技术创新的税收优惠政策为主。就我国军民融合企业而言，主要以现在国家重点推进的航天、航空、船舶、兵器、电子等领域进行科研生产，属于高新技术企业的认定范围。高新技术企业所得税优惠税率已成为促进我国军民融合企业技术创新的典型性税收优惠政策。

高新技术企业是发展高新技术产业的重要构成部分，对于企业结构升级、国家核心竞争力提高和实现军民融合深度发展具有十分重要战略意义。高新技术企业凭借较高的 R&D 资金和人员投入，能够享有持续创新所带来的技术优势。因此，为鼓励企业进入高新技术企业行列，国务院于 1991 年颁布了《国家高新技术产业开发区高新技术企业认定条件和办法》，这是最早对高新技术企业认定的文件。1996 年，国家将高新技术企业认定范围扩展到了高新区之外。为了进一步提升企业科技创新的积极性，提升科技投入效率，科技部与财政部、税务总局于 2008 年联合颁布了《高新技术企业认定管理办法》，其主要内容体现在：第一，以企业自主研发和创新能力为核心认定高新技术企业，首次将知识产权纳入到高新技术企业认定的评价指标中；第二，明确了 R&D 等关键认定指标的测度依据，统一了认定标准；第三，建立部门合作与政策协调的长效机制，构建权责分明、监管与操作分离的认定管理工作体系；第四，统一认定高新技术企业，取消区域界线。该办法首次对“高新技术企业”进行了明确界定，并在财政、税收、金融等方面赋予了其一系列优惠政策。同时 2008 年新《企业所得税法》也规定国家重点扶持的高新技术企业减按 15% 的税率征收企业所得税的优惠政策，相当于在之前 25% 法定税率的基础上降低了 40%。

之后，该办法于2016年进行了修订。新修订的“认定办法”的认定条件主要涉及企业成立年限、知识产权、高新技术产品（服务）与主要产品（服务）、高新技术产品（服务）收入占比、企业科技人员占比、企业研究开发费用占比和企业创新能力7个部分。该办法与2008年《高新技术企业认定管理办法》相比，主要在如下方面进行了政策调整：第一，降低了R&D费用比例要求；第二，降低了科技人员和R&D人员比例；第三，取消了近3年获得知识产权的要求以及5年以上单独许可获得知识产权的方式；第四，缩短了认定管理时间；第五，取消了5年内不能重新申请高新技术企业的规定；第六，增加易地搬迁企业资质互认内容；第七，新增两种取消高新资格的法定情形。

鉴于此，为高效推进军民融合创新发展，优化政府资源配置，发挥高新技术企业所得税优惠税率的引导作用，本章从方法和内容上对高新技术企业所得税优惠税率与军民融合企业技术创新效率之间的影响机理及作用路径进行研究，以期为军民融合企业财税政策工具的实施提供更为有效的证据。

5.1.2　研究假设

1. 高新技术企业所得税优惠税率对军民融合企业技术创新效率的影响

技术创新效率是在产出约束条件下的实际产出与生产前沿面产出之比（Leibenstein，1996），反映了企业的实际生产能力与完全效率情形下最大生产潜能之间的差距。该差距越小，表明企业的技术创新效率越高。对于军民融合企业而言，高新技术企业优惠税率通过作用于企业组织变革、管理模式创新、资本及技术环境进而对技术创新效率产生影响。高新技术企业所得税优惠税率主要通过其对企业的激励效应和防范风险的作用来达到提高企业技术创新效率的目标。第一，高新技术企业所得税优惠税率提高了企业税后净收益，能够激励企业增加要素投入进行技术研发活动，以获取更多的收益，这有益于提高企业的技术创新效率。第二，企业的技术创新活动具有高风险性特征。高新技术企业所得税优惠税率增加了可支配资金，能够缓解企业面临的融资约束，提升企业在不确定性环境下抵御风险的能力，从而能够为提升企业技术创新效率产生积极作用。

高新技术企业所得税优惠税率作为税收优惠政策的一种，税收优惠与企业技术创新效率的关系原理对于企业所得税税率优惠影响军民融合企业技术创新效率的分析具有一定的参考依据。也同样适用于企业所得税优惠税率。在已有关于高新技术企业所得税优惠税率对技术创新效率的影响研究文献中，如熊维勤（2011）采用两阶段 DEA – Tobit 模型分析税收和补贴政策对技术创新效率的影响，结果表明征税不利于企业技术创新效率的提升。李彦龙（2018）认为两阶段模型的估计结果会产生偏差，通过构建包含技术无效率项的 SFA 模型分析税收优惠政策对技术创新效率的积极影响。李成和李熙（2016）首先利用 CRS 投入主导型 DEA 模型测算了战略性新兴产业技术创新效率，其次运用 Tobit 模型验证了税收优惠对技术创新效率具有显著正影响。李彦龙（2018）通过构建 SFA 模型测算高技术产业的创新效率并通过 σ 收敛和 β 收敛检验了创新效率的收敛性，同时以税收优惠为核心解释变量的回归分析也支持这一结论。朱永明等（2019）以我国制造业企业为样本，通过构建 SFA 和门槛效应模型。研究发现，税收优惠在一定门槛范围内提升了企业技术创新效率。基于以上分析，本章提出研究假设 H_{5-1}：

H_{5-1}：高新技术企业所得税优惠税率对军民融合企业技术创新效率具有显著的正向影响，但其影响在不同样本中存在异质性。

2. 高新技术企业所得税优惠税率对军民融合企业技术创新效率的影响机制

高新技术企业所得税优惠税率不仅能够促进企业扩大生产规模、激励企业开展研发创新活动，增加创新产出，而且还能缓解企业面临的融资约束。同时，高新技术企业所得税优惠税率对于制度环境不同的地区，其激励效应会存在差异。基于此，本章通过企业规模、创新质量、融资约束及制度环境四个作用路径分析高新技术企业所得税优惠税率对军民融合企业技术创新效率的影响效应。

（1）企业规模。企业规模作为调节技术创新效率的关键要素之一，会对企业的技术资源、创新风险承受能力及对高新技术企业所得税优惠税率的敏感程度产生影响。因此，高新技术企业所得税优惠税率对不同规模企业技术创新效率的影响也会存在差别。熊彼特（1994）认为，一方面，与小规模企业相比，大规模企业多处于成长期或成熟期，市场份额较高兼有稳定的利润水平，能够承担较高的研发费用和研发风险，并且其在人才储备和技术累积等方面存在优势，具有更强的创新动机从事研发创新活动，实现企业技术创新效率的提升。另一方面，国家政策支持大中型企业优化内部结构，扩大企业规模和提升技术创新效率，形成研发—生产—盈利的良性循环模式（谢运博，2016）。我国军民融合企业普遍处于规模报酬递增阶段，生产规模不足是制约我国军民融合企业效率不高的重要原因之一，因而扩大企业规模是实现军民融合企业技术创新效率提升的重要途径（熊国经等，2017）。综上，高新技术企业所得税优惠税率通过减轻税负的方式增加企业可支配资金，可以促进企业扩大规模进而影响企业技术创新效率。由此，提出假设 H_{5-2}：

H_{5-2}：高新技术企业所得税优惠税率通过扩大企业规模提升军民融合企业技术创新效率。

（2）创新质量。创新质量是衡量企业创新能力的重要因素。根据内生经济增长理论，技术创新效率的提升是经济保持高质量发展的源泉，创新质量的高低则会关系到企业竞争优势和技术创新效率增长趋势。创新质量是衡量企业研发能力的重要标准，高质量创新可以降低企业生产成本，加强劳动、资本等要素在企业内部不同生产部门之间的流动性，改善企业资源配置效率，达到最优配置水平，进而对企业技术创新效率产生正向促进作用（何玉梅，2018）。高新技术企业所得税优惠税率作为一种事后激励政策，能够使企业在研发创新活动之后通过税率优惠、税收减免和税前扣除等方式取得充分的资金收益，继续促使企业通过持续性的高质量研发活动和创新产出提供享受目标性的税收优惠。在此过程中，势必会带来企业技术创新效率的增长，而税收优惠又进一步补充了企业的经营资金，保证企业持续的研发投入，最终形成以税收优惠与企业技术创新效率的良性循环模式。结合以上分析，提出假设 H_{5-3}：

H_{5-3}：高新技术企业所得税优惠税率通过改善企业创新质量提升军民融合企业技术创新效率。

（3）融资约束。融资约束是制约我国企业转型和升级的重要瓶颈之一。根据 MM 定价原理，企业在进行技术创新、组织变革过程中往往存在信息不对称问题，需要企业向外部债权人弥补信息不对称引起的风险溢价，从而导致外部融资成本较高（Atanassov and Liu，2014）。企业自身的融资约束越高，所面临的财务风险也会越大，从而企业开展与技术升级相关的研发创新活动的意愿将随之降低，不仅会错失净现值为正的投资项目，而且不利于企业技术创新效率的提升。解维敏（2013）认为融资约束制约企业研发创新的空间，技术创新效率增长率趋于渐缓。陈海强等（2015）利用我国制造业上市公司面板数据，研究发现融资约束对技术创新效率具有显著抑制效应。高新技术企业所得税优惠税率能够增加企业用于技术创新活动的可支配收入，缓解企业面临的融资约束和财务风险，对研发创新和技术创新效率的提升具有显著的激励作用（林小玲等，2019）。基于以上分析，提出假设 H_{5-4}：

H_{5-4}：高新技术企业所得税优惠税率能够通过缓解融资约束提升军民融合企业技术创新效率。

（4）制度环境效应。制度环境是决定经济主体行为的基本因素。地区间经济增长差异的根本原因不是地理位置、文化教育等因素，而是制度环境（Acemoglu and Robinson，2004）。制度之所以对经济增长产生根本性影响，其原因在于制度决定了社会中核心经济要素的激励结构，从而对物质资本、人力资本、技术和生产组织等投入产生重要影响（Shirley，2005）。由于地区间的市场化程度、法律制度环境和公共服务供给水平等地区制度环境的不同，会导致高新技术企业所得税优惠税率对企业技术创新效率的激励效应存在差异。制度环境好的地区拥有较高的市场化程度和健全的法制水平，尤其是知识产权保护到位和司法公正，企业会减少研发操纵和“策略性创新”等逆向选择行为，真正开展实质性技术创新，并不断加大研发投入来提升企业技术创新效率，助推高新技术企业所得税优惠税率激励作用的有效发挥（吴松彬和黄慧丹，2020）。而在制度环境差的地区，其市场化程度和法制水平相对不高，地方政府对经济资源具有一定的裁量权，这就导致企业通过“寻租”“政企合谋”来谋取更多的利益。企业通过虚报研发支出和企业认定造假来获取目标性的税收优惠，但并未真正将时间和资金用于技术创新活动，抑制了高新技术企业所得税优惠税率激励作用的充分发挥，最终阻碍了技术创新效率的提升（胡凯和吴清，2018）。良好的制度环境意味着市场化程度较高、法制水平较健全和科技服务供给充足等，能够有效提高税高新技术企业所得税优惠税率对企业技术创新效率的促进作用。据此提出假设 H_{5-5}：

H_{5-5}：高新技术企业所得税优惠税率对制度环境较好地区的军民融

合企业技术创新效率的提升效应更加显著。

5.2 研究设计

5.2.1 模型设定

1. 随机前沿模型设定

从军民融合企业技术创新效率的测算研究看，以 DEA（数据包络分析）与 SFA（随机前沿分析）两种前沿技术方法为主。与 DEA 方法相比，SFA 方法需设定具体的生产函数形式，但能够克服一些不可观测变量和随机扰动项的影响，对样本中异常值的敏感性较低，能够得到更可靠的分析结果。本章采用 SFA 方法测算军民融合企业技术创新效率，已有的研究中生产函数通常选取资本和劳动两种投入（王卫等，2017），未考虑研发投入，在以高科技产业为主导的军民融合企业中，研发创新对资产和劳动的替代作用不能忽略。因此，本章引入研发投入这一变量，构建军民融合企业的资本、劳动与研发的三种投入随机前沿生产函数模型，产出变量以营业收入构成中属于技术产品的部分来衡量，对军民融合企业在产品市场阶段的技术创新效率进行测算。设定的随机前沿模型为：

$$Y_{it} = AL_{it}^{\alpha}K_{it}^{\beta}R_{it}^{\gamma}\exp(\nu_{it} - u_{it}) \tag{5-1}$$

对式（5－1）两边取对数得到：

$$\begin{aligned}\ln Y_{it} = {} & \beta_0 + \beta_1 \ln L_{it} + \beta_2 \ln K_{it} + \beta_3 \ln R_{it} + \beta_4 t + \frac{1}{2}\beta_5(\ln L_{it})^2 \\ & + \frac{1}{2}\beta_6(\ln K_{it})^2 + \frac{1}{2}\beta_7(\ln R_{it})^2 + \frac{1}{2}\beta_8 t^2 + \beta_9(\ln L_{it})(\ln K_{it}) \\ & + \beta_{10}(\ln L_{it})(\ln R_{it}) + \beta_{11}(\ln K_{it})(\ln R_{it}) + \beta_{12} t\ln L_{it} \\ & + \beta_{13} t\ln K_{it} + \beta_{14} t\ln R_{it} + (v_{it} - u_{it})\end{aligned} \tag{5-2}$$

模型（5－2）是一个典型的随机前沿模型。其中 Y_{it} 表示企业 i 在 t 年的产出，L_{it}、K_{it} 和 R_{it} 表示企业 i 在 t 年的劳动、资本和研发投入。t 代表时间趋势变量，v_{it} 和 u_{it} 为模型的随机扰动项，v_{it} 为随机误差项，包括观测误差及其他不可控的随机因素，v_{it} 服从 $N(0, \sigma_v^2)$；u_{it} 为生产的技术无效率项，服从非负截尾正态分布，即 u_{it}服从 $N^+(u,\ \sigma_u^2)$。基于此，军民融合企业的技术创新效率通过公式 $TE_{it} = \exp(-u_{it})$ 计算得到。

但为了研究高新技术企业所得税优惠税率及中介变量对军民融合企业技术创新效率的影响，假设 $u_{it} \sim N^+(u,\ \sigma_u^2)$，对技术无效率项 u_{it}的异质性设置为：

$$w_{it} = b_0 + z_{it}^T\delta \tag{5-3}$$

其中，b_0 为常数项，z_{it}为影响技术无效率的影响因素。

2. 改进的随机前沿模型

借鉴巴特斯等（Battese et al.，1995）的做法，并在此模型（5-2）基础上对模型的设定和分析进行了相关改进，具体如下：

第一，在投入变量中增加了研发投入变量。除了劳动投入和资本投入，研发投入对企业技术创新效率的影响效应不可替代，因此将其加入到随机前沿模型中进行技术创新效率的测算，保证结果的稳定性和可靠性。

第二，对技术无效率项的方差进行异质性设定。公式（5-3）仅针对技术无效率水平的异质性作了设定，然而不同类型企业从事生产活动的风险不同，技术无效率项的方差也存在异质性。因此，在公式（5-3）的基础上，借鉴王（Wang，2003）的设定方法，进一步对假设 $u_{it} \sim N^+(u,\ \sigma_u^2)$ 中技术无效率项的方差进行设定：

$$\sigma_u^2 = \exp(\lambda_0 + Z_{it}^T\pi) \tag{5-4}$$

综合公式（5-3）和公式（5-4）可知，在这种设定下，影响技术无效率水平的因素既会影响技术无效率项的方差，也会影响企业的技术风险。各因素对技术无效率项和技术风险的影响可以是一致的，也可以是相反的。

以上，公式（5-1）~公式（5-4）构成了本章所要分析的随机前沿模型，基于上述设定，军民融合企业技术创新效率的测算公式为：

$$E[\exp(-u_{it}) \mid \varepsilon_{it} = \hat{\varepsilon}_{it}] = \exp(0.5\breve{\sigma}_{it}^2 - \breve{\mu}_{it})\frac{\varphi(\breve{\mu}_{it}/\breve{\sigma}_{it} - \breve{\sigma}_{it})}{\varphi(\breve{\mu}_{it}/\breve{\sigma}_i)} \tag{5-5}$$

其中，$\breve{\mu}_{it} = \dfrac{\sigma_\nu^2\omega_{it} - \sigma_{it}^2\varepsilon_{it}}{\sigma_\nu^2 + \sigma_{it}^2}$，$\breve{\sigma}_{it}^2 = \dfrac{\sigma_\nu^2\sigma_{it}^2}{\sigma_\nu^2 + \sigma_{it}^2}$。

第三，高新技术企业所得税优惠税率对军民融合企业技术创新效率的影响机制。

采用中介变量法分析高新技术企业优惠税率对企业技术创新效率的影响机制，具体做法如下：第一步，公式（5-3）和公式（5-4）中技术无效率项的影响因素仅引入高新技术企业所得税优惠税率变量（Taxp），检验高新技术企业所得税优惠税率对军民融合企业技术创新效率的总体影响。第二步，构建模型检验税收优惠对各中介变量的影响，模型表达式为 $Med_{it} = \theta_0 + \theta_1 Taxp_{it} + \varepsilon_{it}$，其中 Med_{it} 为中介变量。第三步，将税收优惠和中介变量全部引入，如果模型估计后税收优惠的系数仍然显著，表明税收优惠通过中介变量影响企业技术创新效率的效应为部分中介效应；如果系数不显著可以认为是全部中介效应。

为判断随机前沿模型设定的合理性，可以通过检验复合误差项中技术无效率部分的占比 γ 进行判断，其中，$\gamma = \sigma_\mu^2/(\sigma_\mu^2 + \sigma_v^2)$，$0 < \gamma < 1$。当 γ 值越接近于1，表示技术无效率对产出的波动越具有解释力，即采用随机前沿模型更加合理。此外，对于生产函数的选择、技术无效率函数的设定和技术进步的假定等均可以在模型中施加约束条件，并通过广义似然比检验判断模型的合理性。为检验模型的合理性，本章依次进行如下假设检验：

（1）H_0：$\gamma = \eta = \mu = 0$，即不存在技术无效率项。

（2）H_0：$\beta_4 = \beta_8 = \beta_{12} = \beta_{13} = \beta_{14} = 0$，即不存在技术进步。

（3）H_0：$\beta_{12} = \beta_{13} = \beta_{14} = 0$，即技术进步是希克斯中性的，此时技术独立于生产要素投入。

（4）H_0：$\beta_5 = \beta_6 = \beta_7 = \beta_8 = \beta_9 = \beta_{10} = \beta_{11} = \beta_{12} = \beta_{13} = \beta_{14} = 0$，即随机前沿生产函数应采用C-D生产函数形式。

上述假设均使用广义似然比（LR）统计量来进行逐一检验。$LR = -2[L(H_0) - L(H_1)]$，$L(H_0)$ 为假设条件下的似然函数值，$L(H_1)$ 为原模型的似然函数值。在原假设 H_0 成立条件下，LR服从 $\chi^2(f)$，自由度f为假设条件中受约束变量的数目。通过LR统计量与受约束条件下的 χ^2 临界值进行比较判断原假设是否成立，如果LR统计量大于 χ^2 临界值则拒绝原假设。如果原假设检验（1）~（4）均被拒绝，表明模型设定较为合理，可以进行下一步的分析。反之，其中任何一个假设检验成立，表明模型设定存在不合理之处。

5.2.2 样本选取与数据来源

截至 2018 年 12 月 31 日，军民融合概念股下共 A 股上市公司 80 家，剔除不属于制造业的企业，最终确定样本企业 70 家，样本观测期为 2008～2018 年。本章数据来自 Wind 数据库，部分缺失数据借助企业上市公司年报进行查找补全，最终获取 642 个观测单元的非平衡面板数据。表 5－1 列示了军民融合的企业类别和所有权性质。从企业类别来看，分为地方国资企业、民营企业和军工集团企业，基本涵盖了各类型的军民融合企业，使得数据更具代表性。从企业所有权性质来看，国有企业数量为 41 家，民营企业数量为 39 家，充分反映了民营企业大力参与军民技术转化和军品市场竞争的发展现状。

表 5－1　　军民融合企业类别和行业类别

企业类别	企业所有权性质	企业数量	观测单元数量
地方国资企业	国有	10	101
民营企业	民营	39	329
中国航天科技集团	国有	3	28
中国航天科工集团	国有	4	39
中国船舶工业集团	国有	1	11
中国兵器工业集团	国有	3	31
中国兵器装备集团	国有	1	11
中国航空工业集团	国有	4	40
中国电子科技集团	国有	2	20
中国电子信息产业集团	国有	1	11
中国船舶重工集团	国有	2	21
合计		70	642

资料来源：通过 CSMAR 数据库中相关数据整理得到。

5.2.3 变量说明

产出变量（Y）。产出变量以企业主营业务收入来衡量，并借鉴张少华等（2014）的处理方法，以工业品出厂价格指数将其折算为 2008 年的不变价格。

资本投入（K）。现有文献估算资本存量的通常方法是永续盘存法（涂正革等，2005），但该方法存在的问题是折旧率和初期资本存量的差异直接影响到最后的估算结果。因此，为避免这一问题，借鉴涂正革和肖耿（2005）的做法，采用固定资产净额[①]衡量，以固定资产投资价格指数将其折算为 2008 年的不变价格。

劳动投入（L）。借鉴王萍萍等（2019）的处理方法，以企业员工数目的年平均值来表示。

研发投入变量（R）。企业研发投入以研发费用支出来表示。参照朱平芳等（2003）的方法构造研发费用价格指数。研发费用价格指数由消费物价指数和固定资产投资价格指数加权合成，其权重分别为 55% 和 45% 。通过研发费用价格指数将研发投入平减为以 2008 年为基期的不变价格。

核心解释变量。核心解释变量为高新技术企业所得税优惠税率（Taxp），参考潘孝珍和庞凤喜（2015）的方法构建高新技术企业所得税优惠强度指标，计算公式为：$Taxp = Inte \times (25\%/r - 1)/Sales$。其中，25% 是我国一般企业所适用的企业所得税税率，r 是企业实际经营过程中适用的企业所得税税率，Inte 为企业的应纳税所得额，Sales 企业的营业收入。该变量的值越高，表明企业所享受到的税收优惠程度越高。这一测算方法的优势在于仅关注了军民融合企业因高新技术企业所得税税率调整所享受的税收优惠，排除了研发费用加计扣除等税收优惠政策所产生的影响。

控制变量。控制变量包括企业规模（Size）、创新质量（Patent）、融资约束（Fres）和制度环境（Ins）。企业规模（Size）以公司资产总额（根据工业品出厂价格指数转换为 2008 年不变价格）的自然对数表示。创新质量（Patent）借鉴余明桂等（2016）的方法，选择企业专利授权数量加 1 的自然对数作为衡量指标。融资约束（Fres）选择企业现金流占总资产的比重来反向衡量，即现金流占总资产的比重越大，表明企业面临的融资约束越低。制度环境（Ins）选择樊纲、王小鲁（2013）

---

① 2007 年实施《新会计准则》后，固定资产净额中的投资性房地产净额单独核算。本章中固定资产净额加入了投资性房地产净额。

编制的《中国分省份市场指数报告》，以我国分省份企业经营环境指数来衡量。由于该报告所披露的分省份企业经营环境指数截止到2016年，2016年及以后的企业经营环境指数通过以年度为变量的OLS回归递推得到，并对之取对数。

5.3 实证结果与分析

5.3.1 SFA模型估计结果

使用Stata14.0软件对所设定的超越对数生产函数进行模型合理性检验和面板随机前沿回归。表5－2列示了对随机前沿模型合理性、生产函数的超越对数形式、技术无效率项和技术进步的存在性及其形式的广义似然比检验结果。假设（1）被拒绝验证了随机前沿模型的合理性；假设（2）被拒绝表明随机前沿生产函数存在技术进步；假设（3）检验了技术进步中性的原假设，拒绝原假设意味着我国军民融合企业存在技术进步，选择时变效率模型更加合理；假设（4）被拒绝表明相较于C－D生产函数而言，采用超越对数形式的随机前沿生产函数更为合理。假设（1）~（4）均被拒绝，表明采用超越对数形式的随机前沿生产函数进行样本分析是合理的，同时存在技术无效率项。

表5－2　　LR假设检验结果

假设 H_0	$L(H_0)$	LR值	临界值	检验结果
$\gamma=\eta=\mu=0$	－360.81	244.75	11.34	拒绝
$\beta_4=\beta_8=\beta_{12}=\beta_{13}=\beta_{14}=0$	－303.26	30.47	15.09	拒绝
$\beta_{12}=\beta_{13}=\beta_{14}=0$	－291.82	15.64	11.34	拒绝
$\beta_5=\beta_6=\beta_7=\beta_8=\beta_9=\beta_{10}=\beta_{11}=\beta_{12}=\beta_{13}=\beta_{14}=0$	－329.79	90.16	23.21	拒绝

注：临界值对应的显著性水平为1%。

随机前沿估计结果如表5－3所示。其中模型（1）是在无效率项中加入高新技术企业所得税优惠税率变量的估计结果，模型（2）~（4）是在模型（1）的基础上依次加入企业规模（Size）、创新质量（Patent）、融资约束（Fres）、制度环境（Ins）变量后的随机前沿模型估计结果。

表 5－3　　随机前沿模型和技术无效率方程估计结果

	变量	模型（1）	模型（2）	模型（3）	模型（4）	模型（5）
随机前沿生产函数估计	lnL	−0.691 （−0.961）	0.496* （2.749）	−0.530 （−1.084）	−0.550 （−0.946）	−0.432 （−0.829）
	lnK	1.154*** （5.302）	1.414*** （3.531）	1.488*** （−3.684）	0.516*** （3.738）	1.495*** （3.726）
	lnR	0.472*** （2.347）	0.132** （1.981）	0.152* （1.865）	0.164* （2.472）	0.081* （2.011）
	t	0.758*** （7.677）	0.156 （1.103）	0.180 （1.265）	0.173* （2.921）	0.161 （1.134）
	$0.5(\ln L)^2$	−0.052 （−1.449）	−0.057* （−1.652）	−0.059* （−1.713）	−0.054* （−1.977*）	−0.064** （−2.818）
	$0.5(\ln K)^2$	0.011 （1.243）	0.028** （2.265）	0.031** （2.447）	0.031** （2.502）	0.028** （2.285）
	$0.5(\ln R)^2$	0.022*** （7.027）	0.020*** （4.902）	0.019*** （4.626）	0.019*** （4.576）	0.019*** （4.743）
	$0.5t^2$	0.006*** （3.653）	0.008*** （2.953）	0.007*** （2.682）	0.007*** （2.848）	0.006** （2.446）
	lnLlnK	−0.079*** （−4.043）	−0.038* （−1.021）	−0.042* （−1.775）	−0.042* （−1.812）	−0.041* （−1.788）
	lnLlnR	−0.053*** （−5.511）	−0.046** （−3.717）	−0.047*** （−3.750）	−0.046*** （−3.722）	−0.048*** （−3.869）
	lnKlnR	0.035*** （2.987）	0.016 （1.052）	0.018 （1.143）	0.019 （1.173）	0.014 （0.917）
	tlnL	0.014** （2.337）	0.026*** （3.056）	0.025*** （3.002）	0.024*** （2.918）	0.023** （2.687）
	tlnK	−0.029*** （−5.038）	−0.011** （−3.376）	−0.013* （−2.022）	−0.013 （−1.558）	−0.012 （−1.477）

续表

	变量	模型（1）	模型（2）	模型（3）	模型（4）	模型（5）
随机前沿生产函数估计	tlnR	-0.017*** (-4.592)	-0.014*** (-2.718)	-0.012** (-2.412)	-0.012** (-2.487)	-0.012** (-2.333)
	常数项	17.211*** (4.534)	16.982*** (4.483)	17.306*** (4.555)	17.529*** (4.612)	15.695*** (4.144)
技术无效率函数估计	Taxp	-0.106* (-2.765)	-0.119** (-4.017)	-0.044* (-3.662)	-0.047* (-3.203)	-0.001 (-1.064)
	Size		0.228*** (5.328)	-0.640*** (-13.677)	-0.633*** (-13.646)	-0.732*** (-15.265)
	Fres			-1.142*** (-3.121)	-1.122*** (-3.073)	-0.922* (-2.143)
	Patent				-0.029* (-1.688)	-0.4483** (-1.963)
	Ins					-0.166 (-1.194)
	常数项	-8.344 (-0.733)	-12.039*** (-11.267)	-12.477*** (-11.683)	-10.124*** (-8.976)	-13.443*** (9.191)
技术无效率函数的方差估计	Taxp	-0.215 (-0.154)	-0.114* (-1.031)	-0.186 (-0.372)	-0.239 (-0.963)	-0.132 (-0.643)
	Size		-0.491*** (-4.527)	-2.342*** (-5.183)	-2.901*** (-6.773)	-1.932** (-3.242)
	Fres			-10.775* (-2.258)	-9.312 (-1.057)	-5.246** (-2.976)
	Patent				-0.653** (-3.712)	-1.379*** (-6.233)
	Ins					0.921 (1.332)
	常数项	-0.953 (-0.507)	-2.686*** (-8.203)	-2.175*** (-3.933)	-1.048*** (-6.212)	-1.994 (-10.593)
γ		0.761	0.876	0.705	0.672	0.800
μ		1.421*** (7.24)	1.414*** (6.82)	1.825*** (8.51)	1.259*** (6.87)	1.293*** (6.09)

注：***、**、*分别表示在1%、5%、10%的水平下显著，括号内为t统计值。

根据表5-3中的γ值可以判断复合误差项中的大部分是由技术无效率项造成的，说明使用随机前沿模型进行分析更为合理。由表5-4中随机前沿模型的估计结果可知，第（1）~（4）列中资本和研发投入的系数均显著为正，劳动投入的系数为负但不显著，其中资本投入的系数最大，其次是研发投入。经济学理论认为，单位边际产出和生产要素投入之间呈反方向变动，单位边际产出越大意味着该生产要素投入越小，由此可以推断，对于军民融合企业的资本投入和研发投入，与劳动投入相比具有更大的不充分性。因此，应对当前企业投入结构进行适当调整，加大资本和研发投入。根据《我国科技统计年鉴》我国防专利的统计数据可知，2005~2018年我国企业的国防专利申请、授权和有效数占比为18.08%、16.47%、21.62%，这也表明我国企业在军民融合和国防领域的技术成果中并未发挥显著的研发作用。此外，劳动投入、资本投入和研发投入的系数之和小于1，表明我国军民融合企业技术研发生产处于规模报酬递减阶段。

根据中介变量法第一步，通过表5-3中技术无效率项的估计结果可以看出，模型（1）中变量Taxp的系数显著为负，表明高新技术企业所得税优惠税率对技术无效率项具有显著负影响，同样意味着对军民融合企业技术创新效率的总体影响显著为正，假设H_{5-1}得到了证实。根据中介变量法第二步，以4个中介变量作为被解释变量，以高新技术企业所得税优惠强度作为核心解释变量构建基本方程进行回归，结果如表5-4所示。表5-4中第（5）~（8）列中高新技术企业所得税优惠强度的系数均显著为正，表明高新技术企业所得税优惠税率能够促进军民融合企业规模扩张、降低企业融资约束和提高企业创新质量，此外也会更好地改善地区制度环境。根据中介变量法的第三步，在模型中分别依次加入企业规模（Size）、融资约束（Fres）、创新质量（Patent）和制度环境（Ins）进行分析。由表5-3中第（2）~（4）列的估计结果可知，在依次加入变量企业规模、融资约束、创新质量和制度环境之后，高新技术企业所得税优惠税率变量的系数均显著为负，表明高新技术企业所得税优惠税率通过企业规模、融资约束、创新质量和制度环境对军民融合企业技术创新效率产生的正向效应属于部分中介效应，可能原因是高新技术企业所得税优惠税率不仅会对军民融合企业技术创新效率产生直接影响，还会通过人力资本投入、要素配置等其他作用渠道对企业技术创新效率产生影响。由此可知，假设 $H_{5-2} \sim H_{5-5}$得到了验证。

表 5-4　　高新技术企业所得税优惠税率对各中介变量的影响

变量	模型（5）	模型（6）	模型（7）	模型（8）
	Size	Fres	Patent	Ins
Taxp	0.255*** (2.657)	0.265** (1.965)	0.179** (2.031)	0.210*** (3.657)
常数项	1.921*** (16.342)	0.507*** (4.973)	1.971*** (12.768)	2.696*** (19.218)
观测值	642	642	642	642

注：***、**、* 分别表示在 1%、5%、10% 的水平下显著，括号内为 t 统计值。

根据表 5-3 中技术无效率项的方差函数估计结果可知，模型（1）～（5）中高新技术企业所得税优惠强度变量的系数为负但未通过显著性检验，表明高新技术企业所得税优惠税率对军民融合企业技术风险的影响不显著。由第（4）列中各中介变量的系数能够看出，企业规模和创新质量的系数显著为负，表明企业规模和专利数量能够有效降低军民融合企业的技术风险。融资约束变量的系数显著为负，表明融资约束越高，军民融合企业的技术风险越高。而地区制度环境变量的系数为正但不显著，表明地区制度环境越好，企业技术风险越高。这可能是由于，对于制度环境较好地区的军民融合企业而言，虽然其总体技术创新效率处于较高水平，但企业之间技术差距也存在一定的距离，产出波动也会更大，从而导致技术风险偏高。制度环境较差地区的企业技术创新效率偏低，技术差距和产出波动较小，意味着技术风险也越低。

5.3.2　基于不同所有权性质的军民融合企业技术创新效率差异

根据企业所有权性质不同，将我国军民融合企业分为国有军民融合企业和民营军民融合企业两类。根据两类军民融合企业技术创新效率的测算结果绘制了 2008～2018 年国有和民营军民融合企业技术创新效率的变化趋势如图5－1所示。2008～2018年，国有军民融合企业和民营军民融合企业技术创新效率总体均呈现上升趋势。国有军民融合企业的技术创新效率从2008年的0.28逐渐上升到2018年的0.38，民营军民融合企业的技术创新效率从2008年的0.25逐步上升到2018年的0.30，但2009年出现了明显下滑。由图5－1可知，国有军民融合企业技术创新效率始终高于民营军民融合企业，并且两者之间的差距由较小转变为略微有所扩大，技术创新效率差距渐趋于稳定。

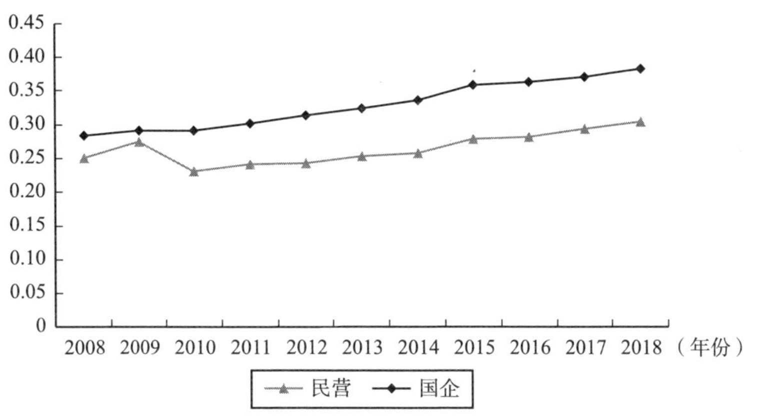

图5－1　不同所有权性质的军民融合企业技术创新效率变化趋势

5.3.3　军民融合企业技术创新效率的敛散性分析

虽然图5－1可以从整体上反映不同所有权性质的军民融合企业技术创新效率差距的变化趋势，但无法得出不同所有权性质企业内部的技术创新效率差距的变化趋势，需要通过实证模型进行敛散性分析。鲍莫尔（Baumol，1986）和巴罗（Barro，1992）最早对敛散性进行研究，并在此之后得到了广泛应用。本章采用绝对β收敛检验和条件β收敛检验对军民融合企业的技术创新效率进行敛散性分析，绝对β收敛检验采用横截面方法，条件β收敛检验采用面板分析方法。所使用的模型分别为：

$$\Delta \ln TE_{it} = \beta_0 + \beta_1 \ln TE_{i0} + \lambda_i \tag{5-6}$$

$$\ln TE_{it} - \ln TE_{i,t-1} = \delta_i + \beta_2 \ln TE_{i,t-1} + \omega_{it} \tag{5-7}$$

其中，$\Delta \ln TE_{it}$表示军民融合企业技术创新效率的年平均增长率，TE_{i0}表示样本初期的技术创新效率值，$TE_{i,t-1}$ 为样本前一期的技术创新效率值，λ_i 表示随机干扰项，δ_i 为个体固定效应。若 β_1 显著为负，则表明军民融合企业创新效率存在绝对 β 收敛，否则不存在绝对 β 收敛。若 β_2 显著为负，则表明军民融合企业技术创新效率存在条件 β 收敛，否则不存在条件 β 收敛。绝对 β 收敛的估计结果如表 5－5 所示，条件 β 收敛的估计结果如表 5－6 所示。

表 5－5　不同所有权性质的军民融合企业技术创新效率的绝对 β 收敛检验结果

变量	全部	国有企业	民营企业
$lnTE_{i0}$	－0.458*** (－3.733)	－0.168** (－2.062)	－0.050*** (9.746)
观测值	70	31	39
调整 R^2	0.419	0.268	0.458

注：***、**、*分别表示在 1%、5%、10% 的水平下显著，括号内为 t 统计值。

表 5－6　不同所有权性质的军民融合企业技术创新效率的条件 β 收敛检验结果

变量	全部	国有企业	民营企业
$lnTE_{i,t-1}$	－1.035*** (－8.132)	－0.213*** (－6.866)	－0.034*** (－8.938)
观测值	578	267	311
调整 R^2	0.329	0.442	0.587

注：***、**、*分别表示在 1%、5%、10% 的水平下显著，括号内为 t 统计值。

表 5－5 中第 2 列变量 $lnTE_{i0}$ 的系数显著为负，说明初期技术创新效率水平较低的军民融合企业具有较高的效率增长率，军民融合企业技术创新效率存在显著的绝对 β 收敛，也意味着不同所有权性质企业之间的技术创新效率存在差异。第 3 列变量和第 4 列变量的国有军民融合企业和民营军民融合企业的系数均显著为负，表明国有和民营军民融合企业的技术创新效率均具有绝对 β 收敛性，也证明了国有军民融合企业和民营军民融合企业的内部技术创新效率差距在不断缩小。由表 5－6 可知，

无论是全部军民融合企业还是不同所有权性质的军民融合企业，变量 $\ln TE_{i,t-1}$ 的系数均显著为负，这表明整体、国有和民营军民融合企业均表现为显著的条件 β 收敛性。综上，通过绝对 β 收敛和条件 β 收敛检验可以得出，我国整体的军民融合企业技术创新效率存在显著的收敛性，国有和民营军民融合企业也存在显著的收敛性，表明军民融合企业技术创新效率整体在逐步增长，国有军民融合企业和民营军民融合企业的内部技术创新效率差距都在不断缩小，而民营军民融合企业和国有军民融合企业之间的技术创新效率依然存在差距。

5.4　稳健性检验

为检验结论的可靠性，采用在生产函数中加入其他影响产出的变量进行稳健性检验，以验证高新技术企业所得税优惠税率及中介变量对军民融合企业技术创新效率的影响，稳健性检验结果如表 5－7 所示，检验模型为：

$$y_{it} = \alpha_i + x_{it}^T\beta + z_{it}^T\delta + v_{it} \tag{5-8}$$

其中，变量 x^T 和变量 z^T 分别表示投入变量和影响技术创新效率的变量，即表 5－7 中的各变量含义和表 5－3 相同，此外式（5－8）中还引进了高新技术企业所得税优惠强度变量与所有权性质虚拟变量乘积。依此，能够更好地分析高新技术企业所得税优惠税率对不同所有权性质的军民融合企业技术创新效率的影响差异。

表 5－7　　稳健性检验结果

变量	lnY	
	(1)	(2)
lnL	0.007 (0.312)	0.005 (0.257)
lnK	0.477*** (4.647)	0.474*** (4.538)

续表

变量	lnY	
	(1)	(2)
lnR	0.034*** (3.043)	0.034*** (3.001)
Taxp	0.217* (1.664)	0.050 (1.342)
Taxp × Soe		0.1794* (2.032)
Size	0.613*** (6.936)	0.615*** (6.989)
Patent	0.000 (0.701)	0.000 (0.762)
Fres	-1.092*** (-3.204)	-1.099*** (-3.312)
Ins	0.024* (1.877)	0.026** (1.974)
Cons	3.1140*** (6.221)	3.135*** (6.264)
观测值	642	642
调整 R^2	0.892	0.862

注：***、**、*分别表示在1%、5%、10%的水平下显著，括号内为t统计值。

由表5-7可知，资本投入的影响系数最大，其次是研发投入、劳动投入，说明资本投入和研发投入的产出弹性大于劳动投入，与表5-2的研究结论一致。表5-7中第1列和第2列均显示高新技术企业所得税优惠税率对技术创新效率具有正影响，与表5-2的结果也一致。中介变量系数的符号与表5-2中一致，虽然显著性略微有所差别，但大体保持了一致性。根据第2列中高新技术企业所得税优惠税率与所有权性质交叉项的估计系数可知，高新技术企业所得税优惠税率对国有军民融合企业技术创新效率的影响显著，对民营军民融合企业技术创新效率的影响不显著，与图5－1表现出来的变化特征较为吻合。综上，采用模型（6）得到的估计结果支持了前文的实证研究结论，证实了研究结果的稳健性。

5.5　本章小结

本章基于2008～2018年军民融合企业数据，构建SFA模型测度军民融合企业的技术创新效率并实证检验高新技术企业所得税优惠税率对技术创新效率的影响及作用机制，考察了不同所有权性质的军民融合企业的技术创新效率差异及收敛性。主要研究结论如下：对于军民融合企业的资本投入和研发投入，与劳动投入相比具有更大的不充分性。高新技术企业所得税优惠税率对军民融合企业产品市场阶段的技术创新效率具有显著提升作用，并通过增加企业规模、降低融资约束、提升创新质量及改善地区制度环境对军民融合企业技术创新效率产生积极影响。从企业技术风险方面来看，高新技术企业所得税优惠税率对军民融合企业技术风险的影响不显著。各中介变量对技术风险具有不同程度的影响，其中企业规模和创新质量对军民融合企业的技术风险具有降低作用。制度环境对技术风险具有不显著的正向影响。企业的融资约束越高，技术风险越高。从军民融合企业技术创新效率发展趋势来看，军民融合企业技术创新效率整体上呈逐步增长趋势，国有和民营军民融合企业也存在显著的收敛性。民营军民融合企业和国有军民融合企业的内部技术创新效率差距在不断缩小，但依然存在差距。

第 6 章　绿色税收优惠的影响效应：基于绿色发展视角的实证

绿色税收优惠作为环境保护的重要规制工具，对于促进企业绿色发展与提升企业绿色技术创新效率具有重要的引导作用。绿色税收优惠作为政府对于企业开展环保活动的间接补贴，不仅能降低绿色发展的风险和成本，推动企业开展绿色技术创新项目，提高企业技术创新效率，从而达到激励企业绿色发展的目的。鉴于我国企业正处于绿色发展转型阶段，关于绿色税收优惠对企业绿色技术创新效率的研究，本章基于绿色发展视角，阐释了绿色税收优惠对我国重污染行业企业技术创新效率的影响机理并提出相应假设，通过双向固定效应模型实证检验绿色税收优惠对重污染行业企业的影响效应，并通过中介效应模型验证绿色税收优惠通过作用于环保投资和技术创新投入对重污染行业企业的技术创新效率产生影响。本章在理论上丰富了绿色税收优惠和企业绿色技术创新效率等领域的研究文献，在实践上对于当前我国深化绿色发展理念以及绿色税制化改革具有重要的政策启示。

本章的内容结构安排如下：6.1 节，阐述制度背景和相关理论分析并提出本章假设；6.2 节，说明数据样本选取、变量含义以及模型设定；6.3 节，分析实证检验结果，并进行了模型的异质性分析和稳健性检验；6.4 节，进一步讨论了绿色税收优惠对企业绿色技术创新效率的作用机制；6.5 节，为本章小结。

6.1　制度背景与研究假设

本节基于绿色发展的科学理念，阐述我国绿色税收优惠的政策重要性及主要政策梳理，阐释绿色税收优惠与重污染行业企业技术创新效率的影响机理并提出相应的研究假设。

6.1.1　制度背景

改革开放 40 多年来，我国工业化与城镇化进程快速推进的同时，也面临着工业企业高能耗与高污染的问题。这对企业改变粗放型生产经营模式，实现绿色发展和提升企业技术创新带来了更高的挑战。经济增长面临的环境约束问题日益彰显——环境污染、生态退化、资源能源消耗过大导致的短缺等，解决发展与环境之间的矛盾日益迫切，通过税收政策进行环境规制以解决生态问题逐步纳入政策目标。在党的十八大、十九大报告等均提出要着力推进绿色发展与循环发展，全面推进资源消耗大、污染排放多的粗放制造向绿色制造转变。在经济、法律、行政等各种环境规制手段中，如采取行政处罚、财政补贴、税收和交易许可证等。具备惩罚性的环境规制工具在引导企业的环境行为方面，其影响力正在逐渐减弱（Pigou，2017）。具备奖励性与引导性的绿色税收优惠政策成为激励企业绿色技术创新的重要手段。在解决企业绿色创新发展中面临的初始投资高、回报时间长和风险系数高等问题以及激烈的市场竞争环境等问题方面具有较大优势。鉴于此，本章从绿色发展视角，实证检验绿色税收优惠对企业技术创新效率的影响，并探究其传导机制及作用路径。

从世界范围内看，发达国家重视运用绿色税收优惠政策来激励企业技术创新。20 世纪 60 年代，美国政府为激励企业技术创新、转变生产方式、节约资源能耗，制定了系统的税收优惠措施，包括直接的税收优惠、税收抵扣减免征收、加速折旧等。在出台的《能源税收法》（1978）中规定，对使用风能、太阳能等清洁能源发电的项目，总投资额的 25% 可以从当年联邦所得税中扣除，购买清洁能源汽车也可以获得联邦税收减免。日本出台的《城市绿化法》（1973）规定，购置绿化设备时可以在原有折旧率基础上，再增加 14% ~20% 不等的特别折旧费。

我国也建立了促进环境保护的绿色税收优惠政策体系，从政策目标角度可分为环保技术与设备、环境服务和资源综合利用三部分。从政策内容来看，环保企业享受的绿色税收优惠政策主要包括免税、即征即退、税收抵免、税收减免、研发费用加计扣除、加速折旧、税率优惠等。按照税种分类，我国的绿色税收优惠政策涉及企业所得税、增值税、资源税、城镇土地使用税、关税等其他税种。此外，我国已构建了比较完整的绿色税收优惠政策体系，而绿色税收优惠是绿色税制的重要核心部分，作为税收制度中最具引导作用的政策内容，对促进企业绿色发展、绿色技术创新具有重要指导作用。由此，我国绿色税收优惠体系的建设，也经历了一个从无到有、不断补充完善的过程；由单一税种到税收优惠体系构建的过程，具体政策分类及内容如表 6－1 所示。

表 6－1　　我国绿色税收优惠政策体系的分类及内容

目标导向	主要环节	增值税	企业所得税	关税、环境保护税、资源税等其他税种
环保技术与装备	研发	技术研发创造的收入免税	科技型中小企业研发费用享受税前加计扣除；产品更新换代较快和处于强震动、高腐蚀状态的固定资产可以缩短折旧年限或采取加速折旧	
	转让		技术转让收入 500 万元以内免税；超过 500 万元减半征收	
	购买	企业购进或自制固定资产发生的，可凭相关凭证从销项税额中扣除	专用设备企业享受单位投资额 10% 所得税抵免；新购进设备、器具单位价值不超过 500 万元允许一次性计入当期成本在应纳税所得额扣除	
	进口	重大技术设备及其关键零部件、原材料进口免征增值税		重大技术设备及其关键；零部件、原材料进口免征关税
环保服务		技术服务创造的收入免征增值税；污水、垃圾、污泥处理处置劳务即征即退 70%	污水、垃圾处理、沼气利用等企业享受三免三减半	污水、垃圾处理免征环境保护税；国家财政部门拨付事业经费的单位自用的土地免征城镇土地使用税

续表

目标导向	主要环节	增值税	企业所得税	关税、环境保护税、资源税等其他税种
资源综合利用		利用废渣、工业废气、农作物秸秆剩余物发酵产生沼气，生产的工业产品即征即退 70%；销售再生水、工业废物生产新型建筑材料，废旧轮胎等即征即退 50%；电子废物拆解、利用、废催化剂、电解废弃物等即征即退 30%	废旧资源作为主要原材料的企业产品所取得收入，减按 90% 计入当期收入总额	废石、尾矿、废渣、废水、废气等利用提取的矿产品免资源税；综合利用的固体废物达标的免征资源税
其他			高新企业税率 15%，西部鼓励类产业税率 15%；从事污染防治的第三方企业按 15% 税率征收	

资料来源：根据国家税务总局历年政策文件梳理得到。

绿色税收优惠的实施，可以促进资源能源利用向更加集约化转变，促进社会经济发展方式和消费方式的变化，能够对生态环境产生有利影响。从我国绿色税收优惠政策的目标导向来看，呈现多元化、多环节的特点。目标导向主要分为环保技术与装备、环保服务、资源综合利用及其他方面，其中，环保技术与装备的目标导向主要涉及环节包括研发、转让、购买、进口。从我国现行绿色税收优惠政策的涉及税种来看，税种分布较为合理，主要包括增值税、企业所得税、环境保护税、资源税、关税等其他税种，已经形成了具有一定规模的绿色税收优惠政策体系。绿色税收优惠政策体系的健全和实施有助于企业享受更为规范和完善的绿色税收优惠政策内容，提升企业开展绿色技术创新活动的积极性，对企业的绿色技术创新效率产生积极影响。

6.1.2　研究假设

绿色发展是五大发展理念的重要构成部分，绿色税收优惠又是促进绿色发展的重要激励政策工具之一。目前，我国已进入产业转型升级的重要战略机遇期，通过绿色发展，企业可以收获巨大的价值，实现超常规的发展。由于企业的绿色技术创新活动具有较强的正外部性，在这一过程中，企业不仅面临需要购买绿色环保设备，打造绿色工艺流程，还需要企业对调整生产结构、员工培训、设备装配等方面的支出需要，企业面临巨大的发展成本，而其回报在短时间内却具有很大的不确定性，导致企业无法获得绿色技术创新活动的全部收益，这可能会阻碍企业的正常发展，甚至抑制企业技术创新的积极性。换言之，改善与治理环境的行为是一种纯粹的支出，在边际投资的社会回报率高于企业自身回报率的情况下，缺乏内在动力的企业可能不会自发地进行绿色研发和投资活动。因此，政府需要兼顾社会收益与正在进行绿色发展活动的企业收益，并通过直接补贴或间接补贴等方式鼓励企业进行转型升级，帮助企业克服成本问题。所以需要政府进行干预或介入，利用税收优惠的方式应对企业绿色创新中的外部性问题，激励企业绿色技术创新。

由于对企业绿色行为的直接补贴具有计划特征并被指定用途，因此企业缺乏进行绿色技术创新活动的动力。通过制定某种绿色税收优惠政策，政府可以同时达到治理污染环境、促进企业增加绿色研发投入与缓解企业长期绿色投资回报不足等目的。因此，绿色税收优惠政策要做到力度大、精准度高、设计科学合理、覆盖范围广，并要考虑到企业的实际情况，将优惠政策落到实处，才有望促进企业绿色研发和投资活动，发挥其引导调节作用。刘虹等（2012）研究发现，相较于政府的直接补贴，间接补贴更能刺激企业增加研发投入，因而间接补贴对于企业转型的促进作用也更强。齐玮（2010）指出，针对节能环保汽车的绿色税收优惠政策开拓了节能汽车的市场，使得开展节能汽车技术研发的企业具有比较优势，能够在环保市场快速占领有利地位，为其绿色发展打下了坚实的基础。绿色税收优惠作为政府对于企业开展环保活动的间接补贴，鼓励企业自主选择投资的环保项目与设备，并不直接干预企业的自主决策，既能降低绿色发展的风险，又能降低绿色发展的成本。绿色税收优惠政策的灵活性使得其在政府促进企业绿色发展的多种手段之中具有明显的优势，可以在提高纳税人积极性的同时，推动企业开展绿色研发项目，提高企业技术创新效率，从而达到激励企业绿色发展的目的。基于以上分析，提出如下假设：

H_{6-1}：绿色税收优惠对企业绿色技术创新效率具有提升作用。

在我国经济转型和生态文明建设的背景下，为改善日益严峻的环境问题，政府相关部门先后出台了一系列政策法规即环境规制工具，以引导企业的绿色发展。绿色税收优惠作为一项具有引导的调节作用的环境规制工具，在实际效果上，能够为企业减轻开展与绿色发展相关活动的税负，增加企业资金收益。而企业面临严格的环保监管要求，一方面为解决当前发展问题，势必增加用于购买新设备或进行设备改造的环保投资；另一方面从企业长远发展规划，会增加企业绿色创新投入，减少污染排放物，提高企业在生产过程中的创新效率。综上分析，绿色税收优惠能够促进企业增加环保投资和技术创新投入。

技术创新投入是企业开展绿色技术创新活动的重要保障，环保投资是推动企业绿色发展的重要举措，两者对绿色技术创新效率的影响主要表现在以下方面：一是技术创新投入和环保投资用以购置基础设施与技术设备等硬件资源，例如建立专业实验室、中间试验基地以及生产技术设备及原料等。基础设施与技术设备的改进是提升绿色技术创新效率的基础，有了先进的设备及配套技术，绿色生产工艺以及绿色产品质量的劳动生产率才能够得到有效提升。二是人才资源影响。任何技术创新都需要人力资源与物质资源的结合，人才是驱动绿色技术创新的重要动力，优厚的人才待遇和薪酬福利是吸引人才从事绿色技术创新的重要前提，合理的人力资源开发能够激发技术创新潜力，不断提升绿色技术创新效率。三是创新激励影响。绿色技术创新需要一系列的生产、技术以及管理等相关配套制度作为支撑，技术创新投入用以奖励在绿色技术创新作出贡献的个人和团体，能够激发创新主体进行绿色技术创新的积极性，这对于推进智力成果转化、增强创新管理能力以及提升绿色技术创新效率具有十分重要的意义。由此提出假设：

H_{6-2}：绿色税收优惠通过增加环保投资和技术创新投入对企业绿色技术创新效率产生积极影响。

随着创新国家战略的推进和环境规制的持续加强，中国制造类企业尤其是处于重污染行业的制造企业面临着如何构建和调整其“绿色化”投资组合的问题。技术创新与环保投资这两种重要的企业绿色投资方式都可以改进现有企业工艺流程，减少生产过程中的污染排放量，提高企业的绿色生产程度，但是，两者在性质和目标上存在明显差异。技术创新能够通过寻求突破性的创新设计、技术或产品，从根本上削减环境规制给企业带来的成本上涨压力、纾解企业产品或技术因无法满足日益提高的环保标准而被淘汰的风险，是帮助企业实现绿色化转型升级的治本之策。但是，技术创新往往需要企业投入高额资金、等待时间长，且研发成功的不确定性较大。相对而言，环保投资则是通过对企业现有设施的创新改造，来达到企业在环保方面合规性的诉求。虽然环保投资可以帮助企业在短时期内达到政府现行环保监管要求，并且所需资金相对较少、失败的不确定性较低，但大多是企业应对环保治理的治标之策。因为一旦政府在未来出台了更严格的环保政策，企业往往由于现有设备无法达到新标准而再次面临“合规性”的困境。企业更偏重技术研发创新还是设备环保改造，受到环境规制强度和两者创造价值能力的影响。适度的环境规制会刺激企业技术创新，并通过“创新补偿效应”以及“学习效应”提高企业竞争力，推动企业可持续增长。相对而言，环保投资给企业带来的价值增长空间以及市场竞争力都比技术创新要小得多。税收优惠作为环境规制中具有奖励性质的工具，能够增加企业的资金收益，降低企业开展绿色创新活动的成本。因此，随着绿色税收优惠政策的实施，企业的资金收益增加，从而企业技术创新与环保投资的规模都比之前有所提升。只是因为环保投资对企业未来价值增长的边际贡献有限，所以企业在满足政府最低环保整改要求后，很可能会将剩余资金的重点用于技术创新。这一现象表现在企业的“绿色化”投资组合上，则是技术创新投资的相对比率增加而环保投资的相对比率下降，技术创新对环保投资的替代作用得以呈现。企业开展“绿色化”投资离不开资金支持。基于以上分析，本章提出如下假设：

H_{6-3}：税收优惠会提高企业技术创新投入对环保投资的替代程度。即企业在“绿色化投资”组合中倾向于加大技术创新投入。

6.2 研 究 设 计

6.2.1 变量说明

1. 被解释变量：绿色技术创新效率（Gte）

绿色技术创新效率与技术创新效率不同，以“绿色”为核心，反映了在特定研发投入下所能实现的绿色创新产出。参照效率测算的基本原理，从投入和产出两个维度构建绿色技术创新效率评价指标体系。根据胡玉凤等（2020）的研究，绿色创新产出以新产品销售收入为期望产出，以工业生产过程中产生的废水、废气、固体废弃物为非期望产出。其中，新产品销售收入以工业品出厂价格指数平减为 2009 年的不变价。绿色创新投入一般包括劳动、资本和环境投入三部分。其中，劳动投入以研发人员数量衡量，资本投入以研发经费内部支出衡量，环境投入以企业治污投资衡量。其中，资本投入以研发费用价格指数平减为 2009 年的不变价①，环保投资以固定资产投资价格指数平减为 2009 年的不变价。企业生产过程中产生的废水、废气、固体废弃物以企业收入占所在地区工业增加值比例，并结合当地 GDP 计算得到。

运用数据包络分析法（Data Envelopment Analysis，DEA）对企业绿色创新效率进行量化。DEA 作为一种非参数方法，用于估算多投入与多产出的多个同类型决策单元的效率、生产率或绩效。DEA 方法以“相对效率”概念为基础，基于投入产出原理，运用凸分析和线性规划工具估算效率值，其优势在于无须事先设定生产函数形式及其分布假设，能够克服传统计量模型设定可能存在的误差问题和进行权重设置时的主观因素影响。本文借鉴林伯强和刘泓汛（2014）的研究，采用全要素非径向方向距离函数和 SBM - DEA 模型对企业绿色技术创新效率进行测度。决策单元数量为 N，k，l，e 为投入要素，y 为期望产出，b 为非期望产出，定义非径向方向距离函数为：

$$\vec{D}(k,\ l.\ e,\ y,\ b;\ g) = \sup\{w^t a:\ (y + a_y g_y,\ b - a_b g_b) \in p(k - a_k g_k,\ l - a_l g_l,\ e - a_e g_e)\} \quad (6-1)$$

其中，$g = (-g_k,\ -g_l,\ -g_e,\ g_y,\ -g_b)$ 为方向向量，$w^t = (w_k,\ w_l,\ w_e,\ w_y,\ w_b)$ 为指标权重，$a = (a_k,\ a_i,\ a_e,\ a_y,\ a_b)$ 为松弛向量，满足 $a \geqslant 0$，构建 DEA 模型为：

$$\vec{D}(k,\ l.\ e,\ y,\ b;\ g) = \max.\ w_k a_k + w_l a_l + w_e a_e + w_y a_y + w_b a_b$$

$$\text{s.t.}\ \sum_{n=1}^{N} z_n k_n \leqslant k - a_k g_k,\ \sum_{n=1}^{N} z_n l_n \leqslant l - a_l g_l.$$

① 参照朱平芳和徐伟民（2003）的方法构造研发费用价格指数。研发费用价格指数由消费物价指数和固定资产投资价格指数加权合成，其权重分别为 55% 和 45%。通过研发费用价格指数将研发投入平减为以 2008 年为基期的不变价格。

$$\sum_{n=1}^{N} z_n e_n \leqslant e - a_e g_e,$$
$$\sum_{n=1}^{N} z_n y_n \geqslant y + a_y g_y, \sum_{n=1}^{N} z_n b_n = b - a_b g_b \quad (6-2)$$

其中，Z_n 为链接投入和产出向量以构成凸集的强度变量，$Z_n \geqslant 0$，$n = 1, 2.3\cdots, N$。假设投入、期望产出和非期望产出是同等重要的（Smith. G），则所有指标的权重矩阵为 $w^t = \left(\frac{1}{9}, \frac{1}{9}, \frac{1}{9}, \frac{1}{3}, \frac{1}{9}, \frac{1}{9}, \frac{1}{9}\right)$，可得到绿色技术创新效率为：

$$GTE = 1 - D(k, l, e, y, b; g) \quad (6-3)$$

基于以上变量选择和模型设定，对企业绿色技术创新效率进行测度，数值越大说明越接近于绿色发展前沿水平，绿色技术创新效率越高。

2. 解释变量：绿色税收优惠（Gtax）

参照毕茜等（2019）的研究，对涉及环保产业的税收优惠政策进行梳理和分类，绿色税收优惠主要运用于环保产业，具体是指购买环境保护专用设备、节能节水专用设备、安全生产专用设备，从事环境保护相关产业如垃圾处理、污水处理等以及从事符合要求的资源综合利用项目，购买新能源车船，使用指定资源作为原材料等，给予企业所得税、增值税、车辆购置税、车船税、消费税和资源税等税种的减免税优惠。据此，手工查找企业年报中是否具有以上项目，如果存在以上项目中的一项，绿色税收优惠（Gtax）取值为1，否则为0。

3. 控制变量

模型中的控制变量包括企业层面和地市级层面的控制变量。企业层面的控制变量为：企业规模、企业年龄、股权集中度、资产负债率、融资约束、资本密集度、所有权性质、高新技术企业。地市级层面的控制变量为：经济发展水平、工业发展、人口集聚和财政压力。模型中各变量的定义具体如表6-2所示。

表6-2　变量定义

类别	名称	符号	变量设计
被解释变量	绿色技术创新效率	Gte	利用SBM-DEA模型测算得到
解释变量	绿色税收优惠	Gtax	虚拟变量，享受绿色税收优惠取值为1，否则取值为0

续表

类别	名称	符号	变量设计
企业层面控制变量	企业规模	Size	年末资产总额的自然对数
	企业年龄	Age	企业已上市的年份数
	股权集中度	Share1	第一大股东持股比例
	资产负债率	Lev	企业负债总额/资产总额
	融资约束	Kz	Kz 指数
	资本密集度	Capi	人均固定资产的自然对数
	高新技术企业	Htech	虚拟变量。高新技术企业取值为1，否则为0
	所有权性质	Soe	虚拟变量。国有控股取值为1，否则为0
地市级层面控制变量	制度环境	Inst	分省份企业经营环境指数
	经济发展水平	Pgdp	地区人均 GDP 的自然对数
	人口集聚	Popul	人口密度
	工业发展	Indus	第二产业增加值/GDP
	财政压力	Fpre	（各省级预算内财政支出 - 预算内财政收入）/预算内财政收入

6.2.2　基准模型设定

为分析绿色税收优惠对企业绿色技术创新效率的影响，设定如下基准回归模型：

$$Gte_{i,t+1} = \beta_0 + \beta_1 Gtax_{it} + \gamma Z_{it} + u_i + v_t + \varepsilon_{it} \tag{6-4}$$

其中，i 表示企业，t 表示年份。被解释变量 $Gte_{i,t+1}$ 表示企业 i 在 t+1 年的绿色技术创新效率。核心解释变量 $Gtax_{i,t}$ 为虚拟变量，表示企业 i 在 t 年是否享受绿色税收优惠。如果企业享受绿色税收优惠则赋值为 1，否则赋值为 0。如果 β_1 显著为正，则表明绿色税收优惠政策对企业绿色技术创新效率具有促进作用。Z 为一系列控制变量的集合，u_i、v_t 分别表示地区和年份的固定效应，ε_{it}为随机误差项。模型中同时控制了年份与企业固定效应，并采用控制异方差的标准误。

具体地，在基准回归中，本章选取了表示企业及企业外部环境特征的两方面多个控制变量。控制变量集合 Z 设定为：

$$
\begin{aligned}
Z = {} & \alpha_1 S_i ze_{i,t-1} + \alpha_2 Age_{i,t-1} + \alpha_3 Share1_{i,t-1} + \alpha_4 Lev_{i,t-1} \\
& + \alpha_5 Capi_{i,t-1} + \alpha_6 Kz_{i,t-1} + \alpha_7 Hetch_{i,t-1} + \alpha_8 Soe_{i,t-1} \\
& + \alpha_9 Pgdp_{i,t-1} + \alpha_{10} Popul_{i,t-1} + \alpha_{11} indus_{i,t-1} \\
& + \alpha_{12} fpre_{i,t-1}
\end{aligned} \tag{6-5}
$$

其中，企业层面的控制变量有企业规模（Size）、企业年龄（Age）、股权集中度（Share1）、资产负债率（Lev）、资本密集度（Capi）、融资约束（Kz），企业（Htech）和所有权性质（Soe）。地区层面的控制变量有地区经济发展水平（Pgdp）、人口集聚（Popul）、工业发展（Indus）和财政压力（Fpre）。

6.2.3 数据来源与样本选择

根据中华人民共和国生态环境部印发的《关于印发 <上市公司环保核查行业分类管理名录> 的通知》，并借鉴刘运国等（2015）的做法，将以下行业定义为重污染行业①：煤炭开采和洗选业，石油和天然气开采业，黑色金属矿采选业，有色金属矿采选业，纺织业，皮革、毛皮、羽毛及其制品和制鞋业，造纸和纸制品业，石油加工、炼焦和核燃料加工业，化学原料和化学制品制造业，化学纤维制造业，橡胶和塑料制品业，非金属矿物制品业，黑色金属冶炼和压延加工业，有色金属冶炼和压延加工业，电力、热力生产和供应业。重污染企业作为市场中环境的主要污染者，更易受到政府监管部门、社会公众及其他利益相关者的关注，对相关政策具有较强的敏感性。

本章以我国 2009～2017 年沪深 A 股重污染行业的上市公司为研究样本，并按如下程序进行筛选：（1）剔除 ST、*ST 和 PT 公司；（2）剔除相关数据缺失的样本，保证数据的连续性；（3）剔除主营业务发生改变导致所处行业不再是重污染行业的企业；（4）最终得到 4568 个观测值。企业数据来自 CNRDS 数据库和 CSMAR 数据库和上市公司年度报告、企业社会责任报告、企业可持续报告。地区层面数据来自国家统计局及《中国统计年鉴》《中国工业统计年鉴》《中国城市统计年鉴》

① 上述重污染行业与中国证券监督管理委员会修订的《2012 上市公司行业分类指引》相对应的行业代码分别为：B06、B07、B08、B09、C17、C19、C22、C25、C26、C28、C29、C30、C31、C32、D44。

并经整理而得到。为避免极端值影响，在连续变量的1%和99%分位上对其进行缩尾处理。

6.3 实证分析与检验

6.3.1 基准回归结果

为检验绿色税收优惠对企业绿色技术创新效率影响，表6－3依据模型（6－4）进行相应的基准回归结果分析。表6－3显示，无论是运用固定效应模型（FE）和普通最小二乘回归模型（OLS）进行实证分析，绿色税收优惠（Gtax）对于未来连续三年绿色技术创新效率（Gte）的回归系数均至少在5%的水平上显著为正，表明绿色税收优惠对企业未来三年的绿色技术创新效率具有显著提升作用。从回归系数的绝对值看，绿色税收优惠对企业未来绿色技术创新效率的正向影响随着时间的推移有增强趋势。由此，验证假设 H_{6-1} 成立。而且与毕茜等（2018）认为绿色税收优惠能够引导企业增加技术创新投入，促进企业绿色发展转型的结论相一致。

表6－3 基准模型回归结果

Gte	FE			OLS		
	Gte_{t+1}	Gte_{t+2}	Gte_{t+3}	Gte_{t+1}	Gte_{t+2}	Gte_{t+3}
Gtax	0.025*** (0.007)	0.097*** (0.006)	0.144*** (0.001)	0.078** (0.032)	0.092** (0.043)	0.096** (0.044)
Size		0.026 (0.018)	0.024 (0.018)		0.021 (0.016)	0.023 (0.016)
Age		0.001 (0.001)	0.001 (0.001)		0.000 (0.000)	0.000 (0.000)
Share1		0.046*** (0.007)	0.053*** (0.008)		-0.019** (0.002)	-0.006*** (0.001)

续表

Gte	FE			OLS		
	Gte_{t+1}	Gte_{t+2}	Gte_{t+3}	Gte_{t+1}	Gte_{t+2}	Gte_{t+3}
Lev		0.003** (0.001)	0.003** (0.001)		0.138** (0.060)	0.131* (0.011)
Kz		-0.002*** (0.000)	-0.003*** (0.000)		-0.001** (0.000)	-0.001** (0.000)
Capi		-0.003*** (0.001)	-0.003** (0.001)		-0.033*** (0.012)	-0.026** (0.012)
Htech		0.009*** (0.002)	0.004 (0.002)		0.003 (0.020)	0.001 (0.020)
Soe		-0.025 (0.003)	-0.078** (0.032)		-0.114** (0.023)	-0.108* (0.063)
Pgdp			0.270*** (0.055)			0.628*** (0.130)
Popul			0.000 (0.000)			0.000 (0.000)
Indus			0.573*** (0.194)			1.898*** (0.355)
Fpre			-0.114*** (0.025)			-0.158*** (0.000)
Cons	0.186*** (0.007)	0.405*** (0.022)	9.592*** (0.665)	13.237*** (0.019)	13.107*** (0.354)	18.339*** (1.318)
地区固定效应	控制	控制	控制	控制	控制	控制
年份固定效应	控制	控制	控制	控制	控制	控制
观测值	4568	4550	4527	4568	4550	4527
R^2	0.1101	0.2890	0.2380	0.157	0.276	0.237

注：***、**和*表示在1%、5%、10%的水平下显著，括号内表示标准误。

6. 3. 2　异质性分析

1. 所有权性质

根据所有权性质不同，将企业分为国有企业和非国有企业。绿色税收优惠对国有企业和非国有企业绿色技术创新效率的提升会存在差异。就国有企业而言，一方面，国有企业因与政府有着密切的联系而带有着浓厚的政治取向，其决策与运行都会受到国家环保政策影响的制约，这种运行机制导致国有企业更容易受到国家环保政策的影响；另一方面，相较于非国有企业而言，国有企业拥有更多的资金用于研发与引进新的环保生产技术、设备，以及购买绿色原材料来进行绿色转型活动，由此，国有企业更容易获得绿色税收优惠政策的支持，进一步降低绿色生产成本，增加绿色技术创新投入，提升企业绿色技术创新效率。由此，可以推断绿色税收优惠对国有企业的绿色技术创新效率提升作用相对更大。

而前文分析表明，绿色税收优惠对企业绿色技术创新效率具有显著的提升作用，那么该激励效果是否会因产权性质的不同呈现出差异？探讨该问题具有重要的现实意义，因此下文将进一步分析产权性质对绿色税收优惠提升效应所产生的影响。

对于国有企业和非国有企业，其绿色税收优惠对企业绿色技术创新效率的影响可能存在差别。为了检验绿色税收优惠对于国有企业与非国有企业绿色技术创新效率的影响效应的差异，进一步把研究样本划分为国有企业与非国有企业，并分别进行回归分析，回归结果如表 6 – 4 所示。从表 6 – 4 中能够得出，绿色税收优惠对国有企业和非国有企业两组样本的未来三年绿色技术创新效率均具有正的显著性影响，从回归系数值大小来看，国有企业的绿色税收优惠回归系数大于非国有企业，表明绿色税收优惠对国有企业未来的绿色技术创新效率的影响更加显著。这一结果支持了上述推断，表明绿色税收优惠对国有企业的绿色技术创新效率的提升作用更强。

表 6 – 4　　产权性质的异质性分析

Gte	国有企业			非国有企业		
	Gte_{t+1}	Gte_{t+2}	Gte_{t+3}	Gte_{t+1}	Gte_{t+2}	Gte_{t+3}
Gtax	0. 042 *** (0. 010)	0. 068 ** (0. 013)	0. 108 *** (0. 048)	0. 023 * (0. 019)	0. 031 ** (0. 022)	0. 042 ** (0. 027)

续表

Gte	国有企业			非国有企业		
	Gte_{t+1}	Gte_{t+2}	Gte_{t+3}	Gte_{t+1}	Gte_{t+2}	Gte_{t+3}
Cons	0.782*** (0.353)	0.832*** (0.395)	0.835*** (0.406)	0.267** (0.103)	0.193** (0.094)	0.402** (0.239)
控制变量	控制	控制	控制	控制	控制	控制
地区固定效应	控制	控制	控制	控制	控制	控制
年份固定效应	控制	控制	控制	控制	控制	控制
观测值	2678	2574	2647	2690	2976	2980
R^2	0.2032	0.1890	0.328	0.167	0.318	0.226

注：***、** 和 * 表示自 1%、5%、10% 的水平下显著，括号内表示标准误。

2. 市场化程度

市场化程度是绿色税收优惠对企业技术创新效率的重要外部影响因素。我国在市场化改革进程中，由于各地区受经济发展水平、法治化与政府治理能力、制度环境等因素的影响，市场化程度存在差异。因此，不同的市场化程度会导致税收优惠政策对企业技术创新效率产生不同的政策效应。在市场化程度较好的地区，公共资源配置的竞争性程度较高，企业可以根据政策预期开展环境保护活动，从而获得绿色税收优惠，促进企业的绿色转型。相反，在市场化程度较差的地区，税收规避往往是企业开展环境保护活动以获得绿色税收优惠的主要动机，由此，不能有效开展绿色技术创新活动并降低其成本，造成企业绿色技术创新效率的低下，也难以有效发挥绿色税收优惠对企业绿色技术创新效率的提升作用。

我国东部地区市场化程度良好，总体来看，中西部地区市场化程度低，制度环境较差。由此，可以推断绿色税收优惠对企业未来的绿色技术创新效率的提升作用在东部相对较强，在中西部地区相对较弱。参照韩立岩等（2011）的做法，本章将辽宁、北京、河北、天津、上海、山东、江苏、浙江、福建以及广东列为东部地区，其他被划分为中西部地区，同时将样本企业划分东部地区组和中西部地区组，回归分析结果如表 6-5 所示。表 6-5 中的回归结果表明，两组样本绿色税收优惠（Gte）回归系数均为正，但未来三年内的东部地区企业相应的绿色税收优惠回归系数均大于非东部地区企业，且东部地区组绿色税收优惠对企业绿色技术创新效率的影响更加显著。这一结果支持了上述推论，表明相对于市场化程度较低的地区而言，绿色税收优惠在市场化程度较高的地区对企业绿色技术创新效率具有更高的提升作用。

表6-5　市场化程度的异质性分析

Gte	东部地区			非东部地区		
	Gte_{t+1}	Gte_{t+2}	Gte_{t+3}	Gte_{t+1}	Gte_{t+2}	Gte_{t+3}
Gtax	0.032*** (0.008)	0.028** (0.015)	0.051** (0.026)	0.013* (0.009)	0.019* (0.012)	0.022** (0.016)
Cons	1.234*** (0.553)	1.876*** (0.921)	1.905*** (0.873)	2.289** (1.382)	3.543** (1.983)	3.872** (1.763)
控制变量	控制	控制	控制	控制	控制	控制
地区固定效应	控制	控制	控制	控制	控制	控制
年份固定效应	控制	控制	控制	控制	控制	控制
观测值	2056	2050	2050	2512	2500	2477
R^2	0.3378	0.3980	0.2657	0.2765	0.2976	0.3008

注：***、**和*表示在1%、5%、10%的水平下显著，括号内表示标准误。

6.3.3 稳健性检验

1. 内生性处理

本部分主要借助于倾向得分匹配法和Heckman两步法进行内生性处理。

使用倾向得分匹配法（PSM）来解决本章的内生性问题。倾向得分匹配法由罗斯曼等（Roeseman et al.，1983）提出，其基本步骤如下：首先，通过Probit或Logit模型在控制全部协变量的基础上计算每个样本进入处理组的概率，得到倾向得分的估计值，模型见式（6-6）；其次，通过匹配方法将与进入处理组概率相近的对照组样本与处理组样本进行匹配，得到两者在统计上的对照组；最后，对匹配后的处理组和对照组在结果变量上的比较，最终确定处理效应是否显著，模型见式（6-7）。本部分根据企业是否享受绿色税收优惠将企业分为处理组和对照组，选取影响企业享受绿色税收优惠的因素，同时控制年度和企业的影响，采用 Logit 回归估计样本企业享受绿色税收优惠的倾向得分。倾向得分的平衡性检验结果显示，样本匹配之后相关控制变量的标准化偏差小于5%，t 检验结果服从处理组和控制组无显著差异的原假设。这表明在进行 PSM 之后，享受绿色税收优惠企业和没有享受绿色税收优惠企业的主要特征变量差异较小。对基于 PSM 匹配后得到样本重新进行了实证检验，回归结果如表 6－6 所示。根据表 6－6 中实证结果表明，本章的研究结论具有稳健性。

$$P(D_i = 1) = \beta X_i + u_i \tag{6-6}$$

$$ATE = E(Y_i \mid D = 1, P) - E(Y_0 \mid D = 0, P) \tag{6-7}$$

Heckman 两步法。运用 Heckman 两步法能够很好地修正模型中样本选择偏误的问题。从绿色税收优惠政策与企业绿色技术创新效率之间的逻辑机理来看，两者之间存在一定程度的互为因果关系，即绿色技术创新效率高的企业更容易享受绿色税收优惠政策，这可能会产生样本选择性偏误和内生性问题。但是，并非所有企业都会在企业年报、企业社会责任报告及环境报告书中披露显示绿色税收优惠信息，将会产生样本选择偏差，从而影响估计结果的稳健性。为此，本部分借鉴高虹等（2017）做法，为解决样本选择偏误和内生性问题，构建 Heckman 两步法检验模型：

$$Pr(Dis.\ Gtax_{it} = 1) = \beta_0 + \lambda CV_{it} + u_i + v_t + \varepsilon_{it} \tag{6-8}$$

$$Gte_{it} = \beta_0 + \beta_1 Gtax_{i,t-1} + \gamma Z_{i,t-1} + u_i + v_t + \varepsilon_{it} \tag{6-9}$$

根据 Heckman 两步法，第一阶段，以企业是否披露有关绿色税收优惠信息作为外生工具变量来构建 Probit 模型并进行实证检验。模型（6－8）中，$Dis.\ Gtax_{it}$为 i 企业 t 年度是否披露有关绿色税收优惠信息的虚拟变量，披露为 1，未披露为 0。CV_{it}为影响企业披露绿色税收优惠信息的解释变量，除了包含基准回归的所有企业特征变量，还包括企业的资产收益率（Roa）、管理费用率（Cost）、同行业环保投资均值（MGe）。第二阶段，将第一阶段回归计算得到的逆米尔斯比率（LMR）代入基准回归方程得到控制样本选择偏误后的检验模型。第二阶段检验模型（6－9）中的其他变量和符号含义与前文相一致。

表 6－6 报告了基于 Heckman 两步法的绿色税收优惠与绿色技术创新效率的实证检验结果，能够看出，在控制样本选择性偏误后，企业绿色税收优惠与绿色技术创新效率显著正相关，表明绿色税收优惠能够促进企业绿色技术创新效率的提升，进一步验证假设 H_{6-1}。

表 6 – 6　　绿色税收优惠与企业绿色技术创新效率：内生性处理

变量	PSM			Heckman 两步法		
	Gte_{t+1}	Gte_{t+2}	Gte_{t+3}	Gte_{t+1}	Gte_{t+2}	Gte_{t+3}
Gtax	0.024*** (0.008)	0.038*** (0.018)	0.057*** (0.028)	0.017*** (2.453)	0.013* (1.802)	0.029** (2.19)
LMR				0.011* (0.005)	0.004 (0.142)	0.027* (0.011)
Cons	0.085*** (0.034)	0.234*** (0.104)	0.457*** (0.213)	1.293*** (0.686)	0.492*** (0.298)	0.301*** (0.129)
控制变量	控制	控制	控制	控制	控制	控制
地区	控制	控制	控制	控制	控制	控制
年份	控制	控制	控制	控制	控制	控制
观测值	4568	4550	4527	4568	4550	4527
调整 R^2	0.237	0.304	0.338	0.304	0.282	0.210

注：***、** 和 * 表示自 1%、5%、10% 的水平下显著，括号内表示标准误。

2. 更换被解释变量

本章采用替换被解释变量的方式对基准回归结果进行稳健性检验。参考张海洋和史晋川（2011）的技术创新效率计算方法，采用 GML 指数衡量企业绿色技术创新效率。如果该变量的回归系数显著为正，则表明绿色税收优惠有助于提高企业技术创新效率。表 6 – 7 报告了替换被解释变量后的稳健性结果。由 Gtax 的系数显著为正可知，绿色税收优惠对企业绿色技术创新效率具有显著正向促进作用。以上回归结果也证明了基准研究结论的稳健性。

表 6 – 7　　替换被解释变量的稳健性检验结果

GML	FE			OLS		
	Gte_{t+1}	Gte_{t+2}	Gte_{t+3}	Gte_{t+1}	Gte_{t+2}	Gte_{t+3}
Gtax	0.054*** (0.009)	0.108** (0.010)	0.178*** (0.023)	0.035*** (0.006)	0.087*** (0.024)	0.092*** (0.037)

续表

GML	FE			OLS		
	Gte_{t+1}	Gte_{t+2}	Gte_{t+3}	Gte_{t+1}	Gte_{t+2}	Gte_{t+3}
Cons	0.012*** (0.002)	0.102*** (0.005)	0.0135*** (0.006)	0.067** (0.029)	0.093** (0.034)	0.0102** (0.039)
控制变量	控制	控制	控制	控制	控制	控制
地区固定效应	控制	控制	控制	控制	控制	控制
年份固定效应	控制	控制	控制	控制	控制	控制
观测值	4568	4550	4527	4568	4550	4527
R^2	0.2032	0.1890	0.3283	0.167	0.318	0.226

注：***、**和*表示在1%、5%、10%的水平下显著，括号内表示标准误。

6.4 绿色税收优惠对企业绿色技术创新效率的影响：作用机制检验

绿色税收优惠通过环保投资与技术创新投入两种机制作用于企业绿色技术创新效率。基于前文分析，绿色税收优惠对企业绿色技术创新效率具有显著提升作用，其作用机制表现在通过绿色税收优惠用于增加企业环保投资和技术创新投入对绿色技术创新效率产生影响。由此，绿色税收优惠对企业绿色技术创新效率的作用机制体现在环保投资与技术创新投入两个方面。企业技术创新投入与环保投资，同时作为企业“绿色化”投资组合的两种方式，随着各方面环境规制强度和各自价值创造能力的变化，对企业未来价值增长的边际贡献也会有所变化。为此，需要进一步探究企业技术创新投入与环保投资之间的变化态势。进而拓展性地分析绿色税收优惠提升企业绿色技术创新效率的作用机制以及在作用机制情景成立下是否呈现了技术创新投入替代环保投资的趋势。

6.4.1 中介效应检验

为了验证绿色税收优惠影响企业绿色技术创新效率的作用机制，借鉴温忠麟等（2004）、钱雪松等（2015）的中介检验法建立如下模型：

$$Epiv_{i,t+1}(Rd_{i,t+1}) = \alpha_0 + \alpha_1 Gtax_{it} + Z_{it} + u_i + v_t + \varepsilon_{it} \quad (6-10)$$

$$Gte_{i,t+1} = \beta_0 + \beta_1 Gtax_{it} + \beta_2 Epiv_{i,t}(Rd_{i,t+1}) + Z_{it} + u_i + v_t + \varepsilon_{it} \tag{6-11}$$

模型（6－8）和模型（6－9）中，Gte_{it}、$Gtax_{it}$、Z_{it} 等变量的含义和衡量方法与基准模型一致。模型（6－9）中 $Epiv_{i,t+1}$ 表示企业的环保投资。模型（6－8）中，$Rd_{i,t+1}$ 表示企业的研发经费支出。

作用机制的检验程序具体分为三个步骤：第一步，检验绿色税收优惠对企业绿色技术创新效率的影响，估计结果已在基准回归表6－2中报告，结论是绿色税收优惠对企业绿色技术创新效率具有显著正向提升作用。第二步，检验绿色税收优惠政策对中介变量的影响，若中介变量影响不显著，则不存在中介效应；若显著，则进一步检验模型（6－9）。第三步，将绿色税收优惠变量与中介变量同时放入模型对企业绿色技术创新效率进行回归分析，若绿色税收优惠变量的系数不显著，则存在完全中介效应；若显著，则存在部分中介效应。此外，若第二步和第三步中回归系数 α_1 和 β_2 中存在一个不显著，则需做 Sobel 检验，若检验结果显著则表明存在中介效应，反之则不存在中介效应。根据钱雪松等（2015）的研究，Sobel 检验统计量为 $Z = \hat{\alpha}_1\hat{\beta}_2/S_{\alpha_1\beta_2}$。其中，$\hat{\alpha}_1$ 和 $\hat{\beta}_2$ 分别是 α_1 和 β_2 的估计量，$S_{\alpha_1\beta_2} = \sqrt{\hat{\alpha}_1^2 S_{\beta_2}^2 + \hat{\beta}_2^2 S_{\alpha_1}^2}$，$S_{\alpha_1}$ 和 S_{β_2} 分别是 $\hat{\alpha}_1$ 和 $\hat{\beta}_2$ 的稳健性标准误。

表6－8　　绿色税收优惠与环保投资、技术创新投入

变量	Panel A：环保投资（Epiv）			Panel B：技术创新（Rd）		
	$Epiv_{t+1}$	$Epiv_{t+2}$	$Epiv_{t+3}$	Rd_{t+1}	Rd_{t+2}	Rd_{t+3}
Gtax	0.130*** (0.038)	0.102*** (0.036)	0.087** (0.043)	0.0565 (0.109)	0.071** (0.039)	0.087*** (0.011)
Cons	0.502*** (0.109)	0.583*** (0.156)	0.276*** (0.102)	1.093*** (0.328)	1.032*** (0.303)	1.016*** (0.293)
控制变量	控制	控制	控制	控制	控制	控制
地区固定效应	控制	控制	控制	控制	控制	控制
年份固定效应	控制	控制	控制	控制	控制	控制
观测值	4568	4550	4527	4568	4550	4527
R^2	0.2348	0.2556	0.2763	0.4167	0.4248	0.3869

注：***、**和*表示自1%、5%、10%的水平下显著，括号内表示标准误。

中介效应检验的第二步回归结果如表6-8所示。表6-8列示了模型（6-8）和模型（6-9）的估计结果。根据Panel A结果，绿色税收优惠的回归系数均在1%的水平上显著为正，且在1%的统计水平上显著，表明绿色税收优惠明显地提升了企业未来连续三年的环保投资规模。Panel B的分析结果显示，绿色税收优惠对企业t+1期技术创新的回归系数为正但不显著，在t+2、t+3期的回归系数至少在5%的统计水平上显著为正，这表明绿色税收优惠有助于提高企业未来的技术创新投入。中介效应检验的第二步成立，说明存在中介效应。

表6-9报告了中介效应检验第三步的实证结果。其中表6-9中Panel A和Panel B分别以环保投资和技术创新投入作为中介变量进行中介效应检验。表6-9中Panel A显示，环保投资（Epiv）的回归系数均在1%的水平上显著为正，这表明环保投资会显著提升企业未来连续三年的企业绿色技术创新效率。同样，表6-9中Panel B显示，技术创新（Rd）投入对企业未来三年内绿色技术创新效率的回归系数在1%的水平上显著为正，这表明技术创新也会提升企业未来的绿色技术创新效率。而由表6-8的回归结果可知，绿色税收优惠会显著提高企业的环保投资和技术创新投入，因此综合表6-8和表6-9的回归结果得出，绿色税收优惠通过提高企业的环保投资和技术创新投入提升企业的绿色技术创新效率。为提高结果的可靠性，表6-9最后一行还列出了中介效应检验的Sobel Z值，各列中Sobel Z值均至少在5%的水平上显著。因此，中介效应得到验证。

表6-9　　绿色税收优惠与绿色技术创新效率：中介效应检验

变量	Panel A：中介变量为环保投资（Epiv）			Panel B：中介变量为技术创新（Rd）		
	Gte_{t+1}	Gte_{t+2}	Gte_{t+3}	Gte_{t+1}	Gte_{t+2}	Gte_{t+3}
Gtax	0.126** (0.004)	0.0107** (0.004)	0.016** (0.006)	0.032*** (0.010)	0.054*** (0.014)	0.058*** (0.018)
Epiv	0.023*** (0.008)	0.020*** (0.007)	0.017*** (0.005)			
Rd				0.017*** (0.002)	0.028*** (0.008)	0.037*** (0.011)
Cons	0.078*** (0.002)	0.093*** (0.002)	0.0372*** (0.001)	0.098*** (0.035)	0.167*** (0.056)	0.154*** (0.048)

续表

变量	Panel A：中介变量为环保投资（Epiv）			Panel B：中介变量为技术创新（Rd）		
	Gte_{t+1}	Gte_{t+2}	Gte_{t+3}	Gte_{t+1}	Gte_{t+2}	Gte_{t+3}
控制变量	控制	控制	控制	控制	控制	控制
地区固定效应	控制	控制	控制	控制	控制	控制
年份固定效应	控制	控制	控制	控制	控制	控制
观测值	4568	4550	4527	4568	4550	4527
R^2	1.071*** (0.29)	1.654*** (0.45)	1.234*** (0.61)	0.839*** (0.272)	1.032*** (0.284)	1.372*** (0.382)
Sobel Z	5.372***	6.321***	3.321***	2.890**	2.173**	4.024***

注：***、** 和 * 表示在 1%、5%、10% 的水平下显著，括号内表示标准误。

6.4.2　技术创新投入替代环保投资的变化趋势检验

为进一步验证绿色税收优惠对企业绿色技术创新效率的作用机制中技术创新替代环保投资的变化趋势，本章在基准模型中加入技术创新对环保投资的替代程度（Subs）。借鉴陈冬华等（2010）的测度方法，采用环保投资的自然对数与技术创新的自然对数之比衡量技术创新对环保投资的替代程度，该指标数值越小，表明企业的绿色化投资中技术创新的投入高于环保投资。

表 6－10 报告了技术创新替代环保投资的趋势检验结果。而前文基准回归结果表 6－2 显示，绿色税收优惠对于企业未来连续三年绿色技术创新效率的回归系数均显著为正。而技术创新对环保投资的替代程度至少在 10% 的水平上显著为正，在第三年的回归系数显著性提高并且系数值有所降低，这表明技术创新替代环保投资的趋势逐渐显现，企业在“绿色化”投资组合中倾向于加大技术创新投入。

表 6－10　　技术创新投入替代环保投资的趋势检验

变量	Gte_{t+1}	Gte_{t+2}	Gte_{t+3}
	(1)	(2)	(3)
Gtax	0.035** (0.013)	0.046* (0.024)	0.062** (0.029)

续表

变量	Gte_{t+1}	Gte_{t+2}	Gte_{t+3}
	(1)	(2)	(3)
Subs	0.006* (0.002)	0.006* (0.002)	0.002** (0.001)
Cons	0.027** (0.014)	0.083** (0.047)	0.092** (0.049)
控制变量	控制	控制	控制
地区固定效应	控制	控制	控制
年份固定效应	控制	控制	控制
观测值	4568	4550	4527
R^2	0.227	0.331	0.426

注：***、**和*表示自1%、5%、10%的水平下显著，括号内表示标准误。

6.5 本章小结

本章利用我国2009~2017年A股重污染行业上市公司数据，基于绿色发展视角，构建双向固定效应模型证检验了绿色税收优惠对企业绿色技术创新效率的影响并进行异质性分析，通过中介效应模型验证了绿色税收优惠对企业绿色技术创新效率的作用路径。研究发现，绿色税收优惠能够显著提升企业未来三年的绿色技术创新效率。异质性研究发现，绿色税收优惠对于国有企业绿色技术创新效率的提升作用高于非国有企业，对于高市场化程度地区企业绿色技术创新效率的提升作用高于其他地区的企业。作用机制研究发现，绿色税收优惠通过增加企业的环保投资和技术创新投入对未来的绿色技术创新效率产生积极影响。通过进一步研究发现，在上述作用机制成立的情景下，技术创新替代环保投资的趋势逐渐显现，意味着企业在“绿色化投资”组合中倾向于加大技术创新投入。

第7章　研究结论与政策建议

本书基于最优税收理论、内生经济增长理论、技术创新理论和外部性理论，阐释了税收优惠政策影响企业技术创新效率的逻辑机理，并从研发费用加计扣除、高新技术企业所得税优惠税率、绿色税收优惠角度对我国税收优惠政策的技术创新激励效应进行实证分析，得出相关研究结论，从健全研发费用加计扣除政策体系、规范高新技术企业税收优惠政策体系、完善绿色税收优惠政策体系方面提出具体政策建议，有助于更加全面地认识税收优惠政策的技术创新效率效应，对于政府通过如何实施和调整税收优惠政策以有效促进企业技术创新效率提升提供经验依据和政策启示。

7.1　研究结论

技术创新是实施新发展战略的重要组成部分，也是企业经济高质量发展的重要路径，而如何提高技术创新效率是提升技术创新能力的关键。因此，合理、有效的税收优惠政策能够有效降低企业技术创新过程中的风险，提升自主创新能力。目前，我国企业总体技术创新能力与发达国家企业相比仍存在一定的差距。本书以我国激励企业技术创新与提升企业技术创新效率的税收优惠政策为论题，从研发费用加计扣除、高新技术企业所得税优惠税率、绿色税收优惠三个具体政策入手，阐述了具体税收优惠政策的制度背景并提出相关研究假设，系统地关于不同税收优惠政策对企业技术创新效率的影响效应、异质性作用效果、传导机制及作用路径方面进行较为全面的实证检验。研究结果表明，我国税收优惠政策在提升企业技术创新效率方面发挥了正向的激励作用。具体研究结论表现在以下三个维度。

7.1.1 基于研发费用加计扣除对企业技术创新效率影响的研究结论

研发费用加计扣除政策对企业技术创新效率具有显著的提升作用。基于成果转化与产品市场双重视角，通过构建双向固定效应模型考察研发费用加计扣除政策对先进制造业企业技术创新效率的影响效应、传导机制及作用路径。研究发现，研发费用加计扣除政策显著提升了先进制造业成果转化阶段和产品市场阶段的技术创新效率。异质性分析表明，研发费用加计扣除政策对先进制造业企业成果转化阶段和产品市场阶段的技术创新效率的影响存在异质性，表现为均对非国有企业技术创新效率的提升作用高于国有企业，对高科技行业企业技术创新效率的提升作用高于传统行业企业，对高技术创新效率企业的提升作用高于低技术创新效率企业。影响机制分析表明，研发费用加计扣除政策可以通过增加企业研发投入、缓解融资约束对先进制造业企业成果转化阶段的技术创新效率产生积极影响，可以通过缓解融资约束、增加交易费用提升先进制造业企业产品市场阶段的技术创新效率。

7.1.2 基于高新技术企业所得税优惠税率对企业技术创新效率影响的研究结论

高新技术企业所得税优惠税率对企业技术创新效率具有显著提升作用。基于成果转化视角，通过构建面板固定随机前沿模型实证检验高新技术企业所得税优惠税率对我国军民融合企业技术创新效率的影响及作用路径，并考察了不同所有权性质的军民融合企业的技术创新效率差异。研究发现，高新技术所得税优惠税率对军民融合企业产品市场阶段的技术创新效率具有显著提升作用，并通过企业规模、创新质量、融资约束和制度环境作用于企业技术创新效率。高新技术企业所得税优惠税率对军民融合企业技术风险的影响不显著，各中介变量对技术风险具有不同程度的影响。其中，企业规模和创新质量对军民融合企业的技术风险具有降低作用，制度环境对技术风险具有不显著的正向影响。企业的融资约束越高，技术风险越高。通过技术创新效率的发展态势来看，军民融合企业技术创新效率整体上呈逐步增长趋势，国有和民营军民融合企业也存在显著的收敛性。民营军民融合企业和国有军民融合企业的内部技术创新效率差距在不断缩小，民营军民融合企业和国有军民融合企业之间的技术创新效率依然存在差距。

7.1.3　基于绿色税收优惠对企业技术创新效率影响的研究结论

绿色税收优惠对企业绿色技术创新效率具有正向的促进作用。基于绿色发展视角，构建双向固定效应模型证检验了绿色税收优惠对企业绿色技术创新效率的影响并进行异质性分析，通过中介效应模型验证了绿色税收优惠对企业绿色技术创新效率的作用路径。研究发现，绿色税收优惠能够显著提升企业未来三年的绿色技术创新效率。异质性研究发现，绿色税收优惠对于国有企业绿色技术创新效率的提升作用高于非国有企业，对于高市场化程度地区企业绿色技术创新效率的提升作用高于其他地区的企业。作用机制研究发现，绿色税收优惠通过增加企业的环保投资和技术创新投入对未来的绿色技术创新效率产生积极影响。通过进一步研究发现，在作用机制成立的情景下，技术创新替代环保投资的趋势逐渐显现，意味着企业在“绿色化投资”组合中倾向于加大技术创新投入。

7.2　政策建议

基于以上研究结论，为进一步明确税收优惠政策扶持企业技术创新效率的功能定位、价值取向，本书提出具有针对性、导向性的政策建议，具体包括健全研发费用加计扣除政策体系、优化高新技术企业税收优惠政策内容和完善绿色税收优惠政策体系方面。

7.2.1　健全研发费用加计扣除政策体系

第一，持续加大研发费用加计扣除比例，把上市企业的研发税收优惠尽可能地扩大到最高可能性边界，促进企业增加研发投入。当前我国研发费用加计扣除力度在世界范围内仍处于较低水平，提高加计扣除比例有助于释放企业的潜在创新动能，实现企业经济增长方式由要素驱动型向创新驱动型转变。因此，我国当前研发费用加计扣除比例仍然有提高空间，可考虑提高至加计扣除 100%，与 2021 年《政府工作报告》[①]中提到的“制造业企业研发费用加计扣除 100%”政策相一致。

第二，应明确区分研发费用加计扣除政策对于不同所有制性质、行业和技术创新效率企业的促进效果，制定更具精准性的税收优惠政策。适当增加对低技术创新效率企业的专项税收支持，尽可能缩小与高技术创新效率企业之间的差距。继续增加对高科技行业企业、民营企业的税收优惠力度和税收优惠措施。由于全球经济衰退、中美贸易争端和疫情的影响，高科技行业和民营面临的挑战日益严峻。由此，考虑研发费用加计扣除比例的阶段性上调。

第三，实行研发费用加计扣除政策的创新全过程引导，进一步从产出端、收益端引导企业进行创新。目前我国关于研发的税收政策多是从投入端对企业进行激励，可能存在企业为了享受优惠政策增加研发投入而未将其有效转化为产出或收益的情况。因此，有必要关注“成果转化—市场收益”视角，从企业创新价值链的过程考量研发费用加计扣除政策的制定，如实行“研发—成果—收益”的分阶段加计扣除，对各个阶段进行成果验收审查和绩效考核，通过后继续给予相应的扣除，避免部分企业为享受税收优惠政策而进行迎合性创新投入行为，真正引导企业开展研发创新活动，实现企业技术创新效率的提升。

第四，健全融资市场，建立多层次资本市场、拓展企业融资渠道以切实缓解企业融资约束，降低企业开展技术创新活动中的财务风险。考虑与财政补贴、产业政策、人才政策等其他专项扶持政策的协调配合，多举措激励企业的技术创新。

第五，研发费用加计扣除政策还应注重和知识产权保护、成果转化等政策的协同运用，从而有助于企业研发成果转化和创新质量的提升。此外，还应从市场化程度、法律制度环境和公共服务供给水平等方面入手，不断优化地区制度环境，放大税收优惠的激励效应，从而提升企业

① 李克强．政府工作报告——2021 年 3 月 5 日在第十三届全国人民代表大会第四次会议上［EB/OL］．中国政府网，2021 - 03 - 05，https：//www. gov. cn/zhuanti/2021lhzfgzbg/.

的技术创新效率和创新能力。

7.2.2　规范高新技术企业税收优惠体系

第一，扩大与优化国家重点支持的高新技术企业认定范围。研究结论发现，高新技术企业所得税优惠税率能够显著提升企业的技术创新效率。目前高新技术企业认定领域主要是针对特定行业企业，为发挥高新技术企业所得税优惠税率的最优政策激励效应，建议进一步扩大与优化国家重点支持的高新技术企业认定范围，应将国家重点发展产业和新兴产业纳入政策认定范围，更好地发挥高新技术企业所得税优惠税率的激励效应。

第二，弱化企业规模概念，提升税收优惠政策的灵活度。税收优惠应根据企业的创新实力、盈利能力、融资约束、发展可持续性和资源需求等方面调整优惠力度，使大企业和小企业依据统一标准公平竞争。税收优惠还应注重和知识产权保护、成果转化等政策的协同运用，从而有助于企业研发成果转化和创新质量的提升。此外，还应从市场化程度、法律制度环境和公共服务供给水平等方面入手，不断优化地区制度环境，放大税收优惠的激励效应，从而提升企业的技术创新效率和创新能力。

第三，深化金融体制改革，拓展更多研发创新的融资渠道。应减少资金配置中的各种壁垒和障碍，完善金融服务实体经济的路径。对于融资约束较高的企业应给予资金、政策等方面的倾斜，使资金要素能够更多地配置到融资困难的企业，从而缓解企业所面临的资金匮乏、人力资本不足、机器设备老旧等技术创新障碍，实现军民融合企业技术创新效率的提升，降低技术风险。

第四，强化民营企业的减税降费效果，增加企业用于技术创新活动的资金收益。首先，根据民营企业规模、经营发展概况及行业特点等方面制定更具针对性的税收优惠政策，旨在增强民营企业对税收优惠的适应性。其次，拓展减税降费形式，完善企业所得税和增值税优惠政策，实施差异化社保缴费比例，积极稳妥推进养老保险制度改革，降低企业成本，增强民营企业的减税获得感。最后，优化民营企业税务征管环境，改进税收征收方法，扩大民营企业查账征收范围，缩小定额征收比例，以保护民营企业的合法权益。

第五，进一步完善高新技术企业认定标准。高新技术企业所得税优惠税率是一项典型的选择性激励政策，其核心内容是通过认定的高新技术企业才能享受税收优惠政策。这种选择性激励政策能够激励企业增加研发投入，提升企业技术创新效率，但也会引起企业产生迎合性创新投入的行为，不利于发挥高新技术企业所得税优惠税率对企业技术创新效率的提升作用。由此，为有效地发挥高新技术企业所得税优惠税率的激励效应，首先要加快推动高新技术企业税收优惠中政策迎合行为的识别研究和实践，提高迎合行为识别的准确性和应用性，为高企认定工作提供参考。其次，要进一步完善高新技术企业认定的程序和认定办法，认定标准要更注重企业的产出指标，探索设立动态门槛指标。最后，要加大监管力度，探索实行年审制，对在高新技术企业认定过程中有不端行为的企业进行严惩。建立全国高新技术企业认定信息网，加大高新技术企业信息公开力度。

7.2.3 完善绿色税收优惠政策体系

第一，总体上看，绿色税收优惠有利于我国重污染行业企业绿色技术创新效率的提升。为此，应当继续完善绿色税收优惠的激励机制、进一步发挥绿色税收优惠的激励作用。首先，应当提高当前税收优惠的绿色化程度，扩展覆盖范围，形成有效的税收优惠政策合力。在全面系统把握绿色发展理念的基础上，推进绿色税收优惠体系建设，一方面，提高其他目标取向税种，如关税、企业所得税、增值税等的绿色税收优惠程度；另一方面，关于环境保护取向的税种，如环境保护税、资源税等税种也要兼顾创新、协调、绿色、开放、共享目标。其次，构建多税种差别化税率的绿色税收优惠体系。就发挥环境保护的主体税种，应当细化环保税的优惠条目，发挥其引导作用。就发挥环保作用的辅助税种，在保证其主体目标的同时，应适当增加其绿色化优惠程度，形成多税种相互协调配合的税收体系。如对从事环境治理技术开发、回收利用废弃物、绿色产品开发等纳税主体给予税收减免和优惠。

第二，绿色税收优惠对国有企业绿色技术创新效率的提升作用高于非国有企业，对高市场化程度地区企业的提升作用高于其他地区企业。

基于此，政府不仅要采取绿色税收优惠的激励措施减轻企业开展绿色技术创新的生产或投资活动的税负，还要通过推进区域市场化进程和其他配套的支持措施共同促进企业绿色化发展。在区域性政策方面，应当对低市场化程度一定的优惠政策调整权限，或制定针对性的优惠政策引导企业开展绿色技术创新活动，以此协调区域绿色发展的平衡，促进中西部地区企业绿色发展。在配套措施方面，适度放宽民营企业绿色研发资金融资渠道，适当增加绿色技术研发投入，尤其是企业绿色技术研发设备的力度，让民营企业能够享受到更大程度的绿色税收优惠。

第三，加大税收优惠对企业绿色技术创新的优惠力度。我国现行的绿色税收优惠政策主要体现在企业所得税和增值税方面。

为加大企业所得税税收优惠对企业绿色技术创新的优惠力度，主要政策措施如下：

其一，扩大我国企业所得税的绿色税收优惠政策范围。我国现行企业所得税的绿色税收优惠政策范围较窄。现行企业所得税绿色税收优惠只针对企业使用节能环保设备和开展的清洁能源和废弃物综合利用等项目给予税收优惠。因此，应扩大税收优惠范围。适度扩大生态友好企业税收优惠范围，特别是给予环保节能产品的生产和使用企业税收优惠。企业使用环保设备应允许当年在企业所得税前实行 100% 扣除或提高计提折旧的比例以及提高对购买的节能环保设备计提折旧的比例。应制定一系列能够促进绿色产品研发、绿色高新技术产业投资的企业所得税绿色税收优惠，同时通过建立健全绿色技术研发奖励制度、增强地方企业与高校的高素质人才对接，不断优化绿色技术研发的人力结构与资金结构。

其二，放宽企业所得税的绿色税收优惠政策的限制条件。我国现行企业所得税的绿色税收优惠政策的限制条件较多，企业所得税绿色税收优惠政策在企业产品类别、行业特征等方面具有较多限制，一定程度上降低了税收优惠政策的绿色技术创新效率激励效应。由此，应不断完善和规范企业所得税中涉及环境保护的产业目录，尽可能扩大企业所得税的绿色税收优惠范围。

其三，制定多元化的企业所得税的绿色税收优惠方式。我国现行企业所得税的绿色税收优惠方式较为单一，企业所得税绿色税收优惠方式主要为税额式税收优惠，形式较为单一且优惠力度较弱。因此，应当构建多元化的企业所得税绿色税收优惠方式，可依据不同行业类别企业实施环保措施的力度实行差异化税率式的税收优惠。

其四，应针对成长期企业给予企业所得税的绿色优惠扶持。企业所得税缺乏对成长期企业的绿色税收优惠政策扶持，现行企业所得税绿色税收优惠政策内容主要是针对已获利企业，如企业从事《环境保护、节能节水项目企业所得税优惠目录》规定项目的所得，自该项目取得第一笔生产经营收入的所属纳税年度起，第一年至第三年免征企业所得税，第四年至第六年减半征收企业所得税。对处于成长期还未取得经营收入的企业而言，就无法享受绿色税收优惠政策，以降低购买或使用节能环保设备或开展环保产业的项目的技术创新成本。由此，应当制定针对成长期企业的所得税优惠政策，对企业在未取得经营收入前的所属年度实行减半征收企业所得税或给予一定的税收减免。

关于提高增值税绿色税收优惠激励企业技术创新的力度，主要政策措施如下：其一，扩大增值税的绿色税收优惠政策范围。现行增值税绿色税收优惠的政策范围较窄，增值税的绿色税收优惠主要体现在节能服务和资源综合利用方面。同时现行的增值税对于使用环保设备开展绿色生产活动的税收优惠政策内容较少。因此，应扩大增值税绿色税收优惠的范围，对从事环境治理技术开发、回收利用废弃物、绿色产品开发等项目给予税收减免和税率优惠。其二，优化现有增值税的税收优惠政策内容。现行增值税中存在不利于生态环境的优惠政策，如规定对农药、农膜、化肥征收低税率增值税，对农业生产者销售的自产农产品给予免征增值税的优惠政策，一定程度上不利于环境保护和资源综合利用的目的。由此，应当优化增值税的税收优惠政策内容，将不利于环境保护的政策内容及时调整，以免对绿色税收优惠政策的指向性产生误导。

第四，拓展绿色技术创新融资渠道，降低企业融资成本。目前，由于银行不愿意向周期较长的技术创新项目给予信贷支持，导致企业通过短期信贷的方式开展技术创新活动，一定程度上扩大了企业的绿色技术创新成本，不利于企业绿色技术创新效率的提升。由此，政府应当拓宽绿色技术创新融资渠道，鼓励金融机构针对企业购买环保设备、开展绿色产品生产等项目给予专项资金扶持，降低企业融资成本，为推动企业绿色发展和提升绿色技术创新效率产生积极作用。

参考文献

[1] 白彦锋，陈珊珊．“营改增”的减税效应——基于DSGE模型的分析［J］．南京审计大学学报，2017，14（5）：1－9.

[2] 白重恩，王鑫，钟笑寒．出口退税政策调整对中国出口影响的实证分析［J］．经济学（季刊），2011（3）：799－820.

[3] 毕茜，李虹媛．绿色税收优惠能促进企业绿色转型吗［J］．贵州财经大学学报，2019（4）：89－99.

[4] 毕茜，于连超．环境税与企业技术创新：促进还是抑制？［J］．科研管理，2019，40（12）：116－125.

[5] 边志强，周彬．用市场换外资技术：靠优惠税率还是靠公平竞争［J］．现代财经，2018，38（5）：42－54.

[6] 陈斌，李拓．财政分权和环境规制促进了中国绿色技术创新吗？［J］．统计研究，2020，37（6）：27－39.

[7] 陈冬华，范从来，沈永建，等．职工激励、工资刚性与企业绩效——基于国有非上市公司的经验证据［J］．经济研究，2010，45（7）：116－129.

[8] 陈海强，韩乾，吴锴．融资约束抑制技术效率提升吗？——基于制造业微观数据的实证研究［J］．金融研究，2015（10）：148－162.

[9] 陈瑾，李丹，孙楚仁．增值税转型与中国制造业企业出口动态［J］．经济科学，2021（1）：5－17.

[10] 陈晓和，周可．中国军民融合区域创新效率及影响因素分析——基于民参军角度的随机前沿面板数据模型［J］．上海经济研究，2019（9）：69－79.

[11] 陈烨，张欣，寇恩惠，刘明．增值税转型对就业负面影响的CGE模拟分析［J］．经济研究，2010，45（9）：29－42.

[12] 陈远燕，何明俊，张鑫媛．财政补贴、税收优惠与企业创新产出结构——来自中国高新技术上市公司的证据［J］．税务研究，2018（12）：48－54.

[13] 成琼文，贺显祥，李宝生．绿色技术创新效率及其影响因素——基于我国35个工业行业的实证研究［J］．中南大学学报（社会科学版），2020，26（2）：97－107.

[14] 程静，陶一桃．所得税税率优惠对企业投资偏好的影响［J］．统计与决策，2020，36（22）：143－147.

[15] 程瑶，闫慧慧．税收优惠对企业研发投入的政策效应研究［J］．数量经济技术经济研究，2018（2）：116－130.

[16] 程子建．增值税扩围改革的价格影响与福利效应［J］．财经研究，2011，37（10）：4－14.

[17] 崔景华，谢远涛．城镇居民区域收入流动、税收负担及收入分配动态均衡［J］．财经研究，2017，43（8）：43－55.

[18] 戴晨，刘怡．税收优惠与财政补贴对企业R&D影响的比较分析［J］．经济科学，2008（3）：58－71.

[19] 道格拉斯·诺思．制度、制度变迁与经济绩效［M］．上海：上海人民出版社，2014.

[20] 邓力平，何巧，王智烜．减税降费背景下企业税负对创新的影响研究［J］．经济与管理评论，2020，36（6）：101－111.

[21] 邓玲，刘安凤．环保投资效应分析——基于绿色全要素生产率视角［J］．经济问题探索，2019（8）：134－147.

[22] 樊纲，王小鲁，余静．中国分省企业经营环境指数2013年报告［M］．北京：中信出版社，2013.

[23] 樊轶侠．助推居民消费升级的税收政策优化研究［J］．税务研究，2018（12）：16－19.

[24] 冯海红，曲婉，李铭禄．税收优惠政策有利于企业加大研发投入吗？［J］．科学学研究，2015，33（5）：665－673.

[25] 冯泽，陈凯华，戴小勇．研发费用加计扣除是否提升了企业创新能力？——创新链全视角［J］．科研管理，2019，40（10）：73－86.

[26] 付莎，王军．绿色税收政策降低了中国的碳排放吗？——基于扩展STIRPAT模型的实证研究［J］．现代经济探讨，2018（2）：

72 – 78.

［27］付文林，赵永辉．税收激励、现金流与企业投资结构偏向［J］．经济研究，2014，49（5）：19 – 33.

［28］盖庆恩，朱喜，程名望，史清华．要素市场扭曲、垄断势力与全要素生产率［J］．经济研究，2015，50（5）：61 – 75.

［29］甘犁，秦芳，吴雨．小微企业增值税起征点提高实施效果评估——来自中国小微企业调查（CMES）数据的分析［J］．管理世界，2019，35（11）：80 – 88.

［30］郭健，刘晓彤，宋尚彬．企业异质性、研发费用加计扣除与全要素生产率［J］．宏观经济研究，2020（5）：130 – 144.

［31］韩立岩，杜春越．城镇家庭消费金融效应的地区差异研究［J］．经济研究，2011，46（S1）：30 – 42.

［32］何小钢．绿色技术创新的最优规制结构研究——基于研发支持与环境规制的双重互动效应［J］．经济管理，2014（11）：144 – 153.

［33］何玉梅，罗巧．环境规制、技术创新与工业全要素生产率——对“强波特假说”的再检验［J］．软科学，2018，32（4）：20 – 25.

［34］贺娜，李香菊．企业异质性、环保税与技术创新——基于税制绿化视角的研究［J］．税务研究，2018（3）：74 – 80.

［35］胡凯，吴清．R&D 税收激励产业政策与企业生产率［J］．产业经济研究，2018（3）：115 – 126.

［36］胡凯，吴清．税收激励、制度环境与企业研发支出［J］．财贸经济，2018，39（1）：38 – 53.

［37］胡美琴，骆守俭．企业绿色管理影响因素——基于在华跨国公司的实证研究［J］．经济与管理研究，2008（7）：66 – 70.

［38］胡玉凤，丁友强．碳排放权交易机制能否兼顾企业效益与绿色效率？［J］．中国人口·资源与环境，2020，30（3）：56 – 64.

［39］花冯涛．公司特质风险能够影响企业的投资行为吗——基于融资约束的视角［J］．安徽师范大学学报（人文社会科学版），2018，46（1）：108 – 118.

［40］黄赜琳，朱保华．中国的实际经济周期与税收政策效应［J］．经济研究，2015，50（3）：4 – 17.

［41］姜英兵，崔广慧．环保产业政策对企业环保投资的影响：基

于重污染上市公司的经验证据 [J]. 改革, 2019 (2): 87-101.

[42] 解维敏, 方红星. 金融发展、融资约束与企业研发投入 [J]. 金融研究, 2011 (5): 171-183.

[43] 金友良, 谷钧仁, 曾辉祥. "环保费改税" 会影响企业绩效吗? [J]. 会计研究, 2020 (5): 117-133.

[44] 康茂楠, 毛凯林, 刘灿雷. 增值税转型、成本加成率分布与资源配置效率 [J]. 财经研究, 2019, 45 (2): 4-16.

[45] 寇明婷, 魏建武, 马伟楠. 国家研发财税政策是否促进了企业的 R&D 活动 [J]. 科学学研究, 2019, 37 (8): 1394-1404.

[46] 郎威, 陈英姿. 绿色发展理念下我国绿色税收体系改革问题研究 [J]. 当代经济研究, 2020 (3): 105-112.

[47] 黎文靖, 李耀淘. 产业政策激励了公司投资吗 [J]. 中国工业经济, 2014 (5): 122-134.

[48] 李成, 李熙. 战略性新兴产业财政支持效率分析——以广东省为例 [J]. 科技管理研究, 2016, 36 (9): 41-45.

[49] 李钢, 叶欣. 新形势下中国关税水平和关税结构的合理性探讨 [J]. 国际贸易问题, 2017 (7): 3-16.

[50] 李静怡, 王祯阳, 武咸云. 政策激励与研发投入交互作用对创新绩效的影响 [J]. 科研管理, 2020, 41 (5): 99-110.

[51] 李明, 李德刚, 冯强. 中国减税的经济效应评估——基于所得税分享改革"准自然试验" [J]. 经济研究, 2018, 53 (7): 121-135.

[52] 李鹏升, 陈艳莹. 环境规制、企业议价能力和绿色全要素生产率 [J]. 财贸经济, 2019, 40 (11): 144-160.

[53] 李平. 提升全要素生产率的路径及影响因素——增长核算与前沿面分解视角的梳理分析 [J]. 管理世界, 2016 (9): 1-11.

[54] 李隋, 张腾文. 产业政策有效性研究——基于公司融资视角 [J]. 财经科学, 2015 (9): 53-63.

[55] 李彦龙. 税收优惠政策与高技术产业创新效率 [J]. 数量经济技术经济研究, 2018, 35 (1): 60-76.

[56] 李增福, 李娟. 税率变动与资本结构调整——基于 2007 年新企业所得税法实施的研究 [J]. 经济科学, 2011 (5): 57-69.

[57] 梁中，昂昊．中国绿色技术创新效率演化及其空间治理 [J]. 财贸研究，2019，30 (8)：16－25＋63.

[58] 林伯强，刘泓汛．对外贸易是否有利于提高能源环境效率——以中国工业行业为例 [J]. 经济研究，2015，50 (9)：127－141.

[59] 林小玲，张凯．企业所得税减免、融资结构与全要素生产率——基于2012—2016年全国税收调查数据的实证研究 [J]. 当代财经，2019 (4)：27－38.

[60] 林洲钰，林汉川，邓兴华．所得税改革与中国企业技术创新 [J]. 中国工业经济，2013 (3)：111－123.

[61] 刘柏惠，寇恩惠，杨龙见．增值税多档税率、资源误置与全要素生产率损失 [J]. 经济研究，2019，54 (5)：113－128.

[62] 刘畅，田晓丽．地区环保投资、城镇化与绿色技术创新——基于空间杜宾模型及中介效应的实证研究 [J]. 科技管理研究，2020，40 (15)：236－243.

[63] 刘虹，肖美凤，唐清泉．R&D补贴对企业R&D支出的激励与挤出效应——基于中国上市公司数据的实证分析 [J]. 经济管理，2012，34 (4)：19－28.

[64] 刘津汝，曾先峰，曾倩．环境规制与政府创新补贴对企业绿色产品创新的影响 [J]. 经济与管理研究，2019，40 (6)：106－118.

[65] 刘井建，赵革新，李惠竹．企业税收激励对R&D投资的影响机理及效应——时间趋势、效力边界与创新产出 [J]. 科研管理，2020，41 (10)：40－53.

[66] 刘啟仁，赵灿，黄建忠．税收优惠、供给侧改革与企业投资 [J]. 管理世界，2019，35 (1)：78－96.

[67] 刘诗源，林志帆，冷志鹏．税收激励提高企业创新水平了吗？——基于企业生命周期理论的检验 [J]. 经济研究，2020，55 (6)：105－121.

[68] 刘卫忠，许龙，张同建，徐红梅．小微企业税收优惠对研发投入的激励效应研究——基于江苏省小微企业的数据检验 [J]. 科技管理研究，2019，39 (22)：35－40.

[69] 刘行，赵健宇．税收激励与企业创新——基于增值税转型改革的“准自然实验” [J]. 会计研究，2019 (9)：43－49.

［70］刘学敏，张生玲．中国企业绿色转型：目标模式、面临障碍与对策［J］．中国人口·资源与环境，2015，25（6）：1－4.

［71］刘怡，侯思捷，耿纯．增值税还是企业所得税促进了固定资产投资——基于东北三省税收政策的研究［J］．财贸经济，2017，38（6）：5－16.

［72］刘元生，陈凌霜，刘蓉，王文甫．增值税抵扣链条扩大对税收中性和经济增长的冲击效应研究［J］．财政研究，2018（2）：107－120.

［73］刘元生，杨澄宇，袁强．个人所得税的收入分配效应［J］．经济研究，2013，48（1）：99－109.

［74］刘运国，刘梦宁．雾霾影响了重污染企业的盈余管理吗？——基于政治成本假说的考察［J］．会计研究，2015（3）：26－33＋94.

［75］刘志彪，凌永辉．结构转换、全要素生产率与高质量发展［J］．管理世界，2020，36（7）：15－29.

［76］柳光强，杨芷晴，曹普桥．产业发展视角下税收优惠与财政补贴激励效果比较研究——基于信息技术、新能源产业上市公司经营业绩的面板数据分析［J］．财贸经济，2015（8）：38－47.

［77］卢洪友，邓谭琴，余锦亮．财政补贴能促进企业的“绿化”吗？——基于中国重污染上市公司的研究［J］．经济管理，2019，41（4）：5－22.

［78］吕岩威，孙慧．中国战略性新兴产业技术创新效率及其影响因素研究［J］．数量经济技术经济研究，2014，31（1）：128－143.

［79］罗宏，陈丽霖．增值税转型对企业融资约束的影响研究［J］．会计研究，2012（12）：43－49.

［80］罗婧．企业环保投资效率评价［J］．统计与决策，2020，36（3）：185－188.

［81］罗明新，马钦海，胡彦斌．政治关联与企业技术创新绩效——研发投资的中介作用研究［J］．科学学研究，2013，31（6）：938－947.

［82］骆海燕，屈小娥，胡琰欣．环保税制下政府规制对企业减排的影响——基于演化博弈的分析［J］．北京理工大学学报（社会科学

版），2020，22（1）：1-12.

[83] 马蔡琛，赵笛．构建以环境保护税为基础的绿色税收体系[J]．税务研究，2020（11）：39-45.

[84] 聂海峰，刘怡．增值税转型对投资和就业的影响——中部地区增值税转型效果评价［C］．“2009 中国公共经济学论坛暨2009 公共经济与管理国际会议”会议论文，2009.

[85] 聂辉华，方明月，李涛．增值税转型对企业行为和绩效的影响——以东北地区为例［J］．管理世界，2009（5）：17-24.

[86] 欧理平．所得税改革、实际税率差异与资本结构关系的实证检验［J］．统计与决策，2017（11）：148-152.

[87] 潘孝珍，庞凤喜．中国地方政府间的企业所得税竞争研究——基于面板数据空间滞后模型的实证分析［J］．经济理论与经济管理，2015（5）：88-97.

[88] 潘孝珍．税收优惠的科技创新激励效应存在门槛吗？——基于股权结构视角的实证分析［J］．科研管理，2019，40（10）：48-57.

[89] 潘越，戴亦一，李财喜．政治关联与财务困境公司的政府补助——来自中国 ST 公司的经验证据［J］．南开管理评论，2009，12（5）：6-17.

[90] 齐玮．我国汽车制造业的竞争效应：国际经验及启示［J］．改革，2010（10）：129-134.

[91] 钱水土，张宇．科技金融发展对企业研发投入的影响研究[J]．科学学研究，2017，35（9）：1320-1325.

[92] 任海云．企业 R&D 投入影响因素——基于企业生命周期视角的实证检验［J］．工业技术经济，2015，34（8）：40-49.

[93] 任海云，宋伟宸．企业异质性因素、研发费用加计扣除与R&D 投入［J］．科学学研究，2017，35（8）：1232-1239.

[94] 申广军，陈斌开，杨汝岱．减税能否提振中国经济？——基于中国增值税改革的实证研究［J］．经济研究，2016，51（11）：70-82.

[95] 石绍宾，周根根，秦丽华．税收优惠对我国企业研发投入和产出的激励效应［J］．税务研究，2017（3）：43-47.

[96] 苏子逢，张笑．政策“目标—工具”视角下政府创新补贴对

企业研发投入的影响——来自军民融合上市企业的经验证据［J］. 科技进步与对策，2020（4）：1－8.

［97］孙莹，顾晓敏. 税收激励与企业创新：述评与展望［J］. 会计与经济研究，2020，34（3）：114－128.

［98］孙钰鹏，苑泽明. 环保税会倒逼企业升级吗？——基于创新投入中介效应的分析［J］. 税务研究，2020（4）：95－102.

［99］覃予，王翼虹. 环境规制、融资约束与重污染企业绿色化投资路径选择［J］. 财经论丛，2020（10）：75－84.

［100］田志伟，胡怡建，宫映华. 免征额与个人所得税的收入再分配效应［J］. 经济研究，2017，52（10）：113－127.

［101］田志伟，胡怡建. "营改增"对财政经济的动态影响：基于CGE模型的分析［J］. 财经研究，2014，40（2）：4－18.

［102］涂正革，肖耿. 中国的工业生产力革命——用随机前沿生产模型对中国大中型工业企业全要素生产率增长的分解及分析［J］. 经济研究，2005（3）：4－15.

［103］汪卢俊，苏建. 增值税改革促进了中国全要素生产率提高吗？——基于增值税转型和"营改增"改革的研究［J］. 当代经济研究，2019（4）：95－102.

［104］王波，张念明. 提升财政政策促进科技创新的有效性［N］. 新华日报，2018－11－27（13）.

［105］王春元. 税收优惠刺激了企业R&D投资吗？［J］. 科学学研究，2017（2）：255－263.

［106］王春元，叶伟巍. 税收优惠与企业自主创新：融资约束的视角［J］. 科研管理，2018，39（3）：37－44.

［107］王海，尹俊雅，李卓. 开征环保税会影响企业TFP吗——基于排污费征收力度的实证检验［J］. 财贸研究，2019，30（6）：87－98.

［108］王军，李萍. 绿色税收政策对经济增长的数量与质量效应——兼议中国税收制度改革的方向［J］. 中国人口·资源与环境，2018，28（5）：17－26.

［109］王娜，王跃堂，王亮亮. 企业所得税影响公司薪酬政策吗？——基于企业所得税改革的经验研究［J］. 会计研究，2013（5）：

35 – 42.

[110] 王萍萍，陈波．军民融合企业技术创新效率及其影响因素研究 [J]．管理评论，2019，31 (4)：70 – 82.

[111] 王萍萍，陈波．中国军工企业技术创新效率与全要素生产率测算与分析 [J]．技术经济，2018 (12)：94 – 102.

[112] 王卫，綦良群．中国装备制造业全要素生产率增长的波动与异质性 [J]．数量经济技术经济研究，2017，34 (10)：111.

[113] 王文甫．价格粘性、流动性约束与中国财政政策的宏观效应——动态新凯恩斯主义视角 [J]．管理世界，2010 (4)：11 – 25.

[114] 王孝松，李坤望，包群，谢申祥．出口退税的政策效果评估：来自中国纺织品对美出口的经验证据 [J]．世界经济，2010 (4)：47 – 67.

[115] 王钰，田志伟，王再堂．2018 年个人所得税改革的收入再分配效应研究 [J]．财经论丛，2019 (8)：31 – 38.

[116] 魏紫，姜朋，王海红．小型微利企业所得税优惠政策经济效应的实证分析 [J]．财政研究，2018 (11)：96 – 106.

[117] 温忠麟，叶宝娟．中介效应分析：方法和模型发展 [J]．心理科学进展，2014，22 (5)：731 – 745.

[118] 吴辉航，刘小兵，季永宝．减税能否提高企业生产效率？——基于西部大开发准自然实验的研究 [J]．财经研究，2017，43 (4)：55 – 67.

[119] 吴松彬，黄惠丹．R&D 税收激励、制度环境与高新制造企业创新——来自 2009 – 2015 年全国税收调查数据的分析 [J]．河北经贸大学学报，2020，41 (3)：34 – 45.

[120] 夏杰长，刘诚．行政审批改革、交易费用与中国经济增长 [J]．管理世界，2017 (4)：47 – 59.

[121] 肖文，林高榜．政府支持、研发管理与技术创新效率——基于中国工业行业的实证分析 [J]．管理世界，2014 (4)：71 – 80.

[122] 谢运博，陈宏民．规模、所有制与中国医药制造业全要素生产率 [J]．科技与经济，2016，29 (6)：1 – 5.

[123] 熊国经，宗瑾．基于 DEA – Tobit 模型的我国上市军工企业技术创新效率研究 [J]．科技管理研究，2017，37 (19)：59 – 63.

[124] 熊维勤. 税收和补贴政策对 R&D 效率和规模的影响——理论与实证研究 [J]. 科学学研究, 2011, 29 (5): 698 - 706.

[125] 许伟, 陈斌开. 税收激励和企业投资——基于 2004 ~ 2009 年增值税转型的自然实验 [J]. 管理世界, 2016 (5): 9 - 17.

[126] 薛钢, 张道远, 王薇. 研发加计税收优惠对企业全要素生产率的激励效应 [J]. 云南财经大学学报, 2019, 35 (8): 102 - 112.

[127] 杨得前, 刘仁济. 税式支出、财政补贴的转型升级激励效应——来自大中型工业企业的经验证据 [J]. 税务研究, 2017 (7): 87 - 93.

[128] 杨国超, 刘静, 廉鹏, 芮萌. 减税激励、研发操纵与研发绩效 [J]. 经济研究, 2017, 52 (8): 110 - 124.

[129] 杨国超, 芮萌. 高新技术企业税收减免政策的激励效应与迎合效应 [J]. 经济研究, 2020, 55 (9): 174 - 191.

[130] 杨慧梅. 减税能否影响企业出口? ——基于增值税有效税率的考察 [J]. 商业研究, 2020 (6): 96 - 106.

[131] 杨莎莉, 张平竺, 游家兴. 税收优惠对企业全要素生产率的激励作用研究——基于供给侧结构性改革背景 [J]. 税务研究, 2019 (4): 104 - 109.

[132] 杨洋, 魏江, 罗来军. 谁在利用政府补贴进行创新? ——所有制和要素市场扭曲的联合调节效应 [J]. 管理世界, 2015 (1): 75 - 86 + 98 + 188.

[133] 叶康涛, 张姗姗, 张艺馨. 企业战略差异与会计信息的价值相关性 [J]. 会计研究, 2014 (5): 44 - 51 + 94.

[134] 殷红, 张龙, 叶祥松. 我国财政政策对全要素生产率的非线性冲击效应——基于总量和结构双重视角 [J]. 财贸经济, 2020, 41 (12): 37 - 52.

[135] 于连超, 张卫国, 毕茜. 环境税对企业绿色转型的倒逼效应研究 [J]. 中国人口·资源与环境, 2019, 29 (7): 112 - 120.

[136] 于文超, 周雅玲, 肖忠意. 税务检查、税负水平与企业生产效率——基于世界银行企业调查数据的经验研究 [J]. 经济科学, 2015 (2): 70 - 81.

[137] 余淼杰, 袁东. 贸易自由化、加工贸易与成本加成——来自

我国制造业企业的证据［J］. 管理世界，2016（9）：33－43＋54.

［138］余明桂，范蕊，钟慧洁. 中国产业政策与企业技术创新［J］. 中国工业经济，2016（12）：5－22.

［139］袁建国，范文林，程晨. 税收优惠与企业技术创新——基于中国上市公司的实证研究［J］. 税务研究，2016（10）：28－33.

［140］岳鸿飞. 基于环境规制的我国绿色技术创新效率测算［J］. 统计与决策，2018，34（8）：100－104.

［141］岳鸿飞，徐颖，吴璘. 技术创新方式选择与中国工业绿色转型的实证分析［J］. 中国人口·资源与环境，2017，27（12）：196－206.

［142］岳希明，徐静，刘谦，丁胜，董莉娟. 2011年个人所得税改革的收入再分配效应［J］. 经济研究，2012，47（9）：113－124.

［143］臧传琴，张菡. 环境规制技术创新效应的空间差异——基于2000－2013年中国面板数据的实证分析［J］. 宏观经济研究，2015（11）：72－83.

［144］张海洋，史晋川. 中国省际工业新产品技术效率研究［J］. 经济研究，2011，46（1）：83－96.

［145］张华，魏晓平. 绿色悖论抑或倒逼减排——环境规制对碳排放影响的双重效应［J］. 中国人口·资源与环境，2014，24（9）：21－29.

［146］张俊瑞，陈怡欣，汪方军. 所得税优惠政策对企业创新效率影响评价研究［J］. 科研管理，2016，37（3）：93－100.

［147］张少华，蒋伟杰. 中国全要素生产率的再测度与分解［J］. 统计研究，2014（3）：54－60.

［148］张同斌，高铁梅. 财税政策激励、高新技术产业发展与产业结构调整［J］. 经济研究，2012，47（5）：58－70.

［149］张文. 构建节能减排的长效机制——基于税收视角的分析［J］. 山东大学学报（哲学社会科学版），2009（5）：104－110.

［150］张璇，袁浩铭，郝芳华. 财政分权对环保投资效率的影响研究——基于DEA－Tobit模型的分析［J］. 中国环境科学，2018，38（12）：4780－4787.

［151］赵路，高红贵，肖权. 环境规制对绿色技术创新效率影响的

实证 [J]. 统计与决策, 2021, 37 (3): 125 - 129.

[152] 郑宝红, 张兆国. 企业所得税率降低会影响全要素生产率吗? ——来自我国上市公司的经验证据 [J]. 会计研究, 2018 (5): 13 - 20.

[153] 周虹. 前瞻性环保、技术创新与企业绩效 [J]. 当代经济管理, 2020, 42 (4): 12 - 18.

[154] 周克清, 景姣. 税收优惠政策对 R&D 的激励效果检验: 以创业板上市公司为例 [J]. 税务研究, 2012 (6): 20 - 24.

[155] 朱平芳, 徐伟民. 政府的科技激励政策对大中型工业企业 R&D 投入及其专利产出的影响——上海市的实证研究 [J]. 经济研究, 2003 (6): 45 - 53.

[156] 朱星文. 宏观政策、微观特征怎样影响了企业的 R&D 投入 [J]. 当代财经, 2018 (12): 15 - 25.

[157] 朱永明, 赵程程, 赵健, 贾明娥. 税收优惠对企业创新效率的门槛效应——创新价值链视角下制造业的实证研究 [J]. 科技管理研究, 2019, 39 (11): 10 - 18.

[158] 邹洋, 王茹婷. 财政分权、政府研发补贴与企业研发投入 [J]. 财经论丛, 2018 (9): 32 - 42.

[159] Acemoglu D., Robinson J A., Jonhnson S. Indtitutions as the fundamental cause of long-run growth [J]. Nanjing Business Review, 2006, 1 (5): 385 - 472.

[160] Aghion P., Bloom N., Blendell R., et al. Competition and innovation: An inverted U relationship [J]. Quarterly Journal of Economics, 2005, 20 (2): 701 - 728.

[161] Aghion P., Howitt P. A model of growth through greative destruction [J]. Econometrica, 1992, 60 (2): 323 - 351.

[162] Agostini C. A., Flores B., Martinez C. Tax exemptions in Chile's income tax [C]. Conferenceon Taxation National Tax Association, 2010.

[163] Aigner D. J., Chu D. S. On the industry production function [J]. American Economic Review, 1968, 58 (5): 826 - 839.

[164] Aigner D., Lovell C., Schmidt P. Formulation and Estimation of Stochastic Frontier Production Function Models [J]. Journal of Economet-

rics, 1977, 6 (1): 21 -37.

[165] Arrow K. Economic welfare and the allocation of resources for invention [M]. Princeton: Princeton University Press, 1962.

[166] Atanassov J. , Liu X. Corporate income taxes, financial constraints and innovation [J]. Social Electronic Publishing, 2015, 14 (6): 32 -48.

[167] Atanassov J. , Liu X. Corporate income taxes, financial constraints and innovation [J]. Social Ence Electronic Publishing, 2015, 14 (6): 56 -116.

[168] Atanassov J. , Liu X. Corporate income taxes, financial constraints and innovation [R]. University of Oregon, Working Paper, 2014.

[169] Atkinson A. B. On intergenerational income mobility in Britain [J]. Journal of Post Keynesian Economics, 1981, 3 (2): 194 -218.

[170] Auerbach A. J. Tax reform and adjustment costs: the impact on investment and market value [J]. International Economic Review, 1989, 30 (4): 939 -962.

[171] Baron R. M. , Kenny D. A. The moderator-mediator variable distinction in social psychological research: Conceptual, strategic, and statistical considerations [J]. Journal of Personality and Social Psychology, 1986, 51 (6): 1173 -1182.

[172] Barro R. J. Convergence [J]. Journal of Political Economy, 1992, 100 (2): 223 -251.

[173] Battese G. E, Coelli. A model for technical inefficiency effects in stochastic frontier production function for panel data [J]. Empirical Economics, 1995, 20 (2): 325 -332.

[174] Bernini M. , Treibich T. Killing a second bird with one stone? promoting firm capital growth and exports through tax policy [J]. Industrial and Corporate Change, 2016, 25 (5): 829 -845.

[175] Blanchard O. J. , Perotti R. An empirical characterization of the dynamic effects of changesing Government and taxes on output [R]. NBER Working Paper, 1999, No. 7269.

[176] Bloom N. , Griffith R. , Reenen J V. Do R&D tax credits work?

Evidence from a panel of countries 1979 - 1997 [J]. Journal of Public Economics, 2002, 85 (1): 1-31.

[177] Caggese A., Cuat V., Financing constraints, firm dynamics, export decisions, and aggregate productivity [J]. Review of Economic Dynamics, 2013, 16 (1): 177-193.

[178] Caggese A., Cuat V. Financing constraints, firm dynamics, export decisions, and aggregate productivity [J]. Review of Economic Dynamics, 2013, 16 (1): 78-102.

[179] Cai J., Harrison A. E. The value-added tax reform puzzle [R]. NBER Working Papers, 2011, No. 17532.

[180] Carlson S. J., Bathala C. T. Impact of the repeal of the investment tax credit on firms investment decisions [J]. Journal of Applied Business Research, 1994, 10 (2): 33-39.

[181] Carpenter R., Petersen B. Is the growth of small firms constrained by internal finance? [J]. Review Economics Statistics, 2002 (84): 298-309.

[182] Chandra P., Long C. VAT rebates and export performance in China: Firm-level evidence [J]. Journal of Public Economics, 2013 (102): 13-22.

[183] Chao C., Chou W., Yu E. Export Duty Rebates and Export Performance: Theory and China's Experience [J]. Journal of Comparative Economics, 2001, 29 (2): 314-326.

[184] Chen C., Mai C., Yu H. The effect of export tax rebates on export performance: Theory and evidence from China [J]. China Economic Review, 2006, 17 (2): 226-235.

[185] Chen Y., He Z., Zhang L. The effect of investment tax incentives: Evidence from China's value-added tax reform [J]. Ssrn Electronic Journal, 2011, 12 (5): 105-126.

[186] Cheung S. Economic organization and transaction costs [M]. The New Palgrave Dictionary of Economics, 1987.

[187] Combes P. P., Duranton G. et al. Estimating agglomeration economies with history, Geology, and Worker Effects [J]. Agglomeration

Economics, 2010 (2): 15 -65.

[188] Commins J. G., Hassett K. A. The effects of taxation on investment: New evidence from level panel data [J]. National Tax Journal, 1992, 45 (3): 243 -251.

[189] Corchuelo M. B., Martinez R. E. The effects of fiscal incentives for R&D in Spain [R]. DEE Working Paper, 2009, No. 09 -23.

[190] Czarnitzki D., Ebersberger B., Fier A. The relationship between R&D collaboration, subsidies and R&D performance: Empirical evidence from Finland and Germany [J]. Journal of Applied Econometrics, 2007, 22 (7): 1347 -1377.

[191] Dechezleprêtre A., Einiö E., Martin R., et al. Do tax incentives for increase firm innovation? An RD design for R&D [R]. NBER Working Paper, 2016, 22405.

[192] Desai M. A., Dharmapala, D. Corporate Tax Avoidance and High-powered Incentives [J]. Journal of Financial Economics, 2006, 79 (1): 145 -179.

[193] Duncan D., Peter K. S. Does labor supply respond to a flat tax? Evidence from the Russian tax reform [J]. Economics of Transition, 2010, 18 (2): 365 -404.

[194] Eberhart A., Maxwell W., Siddique A. A reexamination of the tradeoff between the future benefit and riskiness of R&D increases [J]. Journal of Accounting Research, 2008, 46 (1): 27 -52.

[195] Ernst C., Richter K., Riedel N. Corporate taxation and the quality of research and Development [J]. International Tax and Public Finance, 2014, 21 (4): 694 -719.

[196] Everaert G., Heylen F., Schoonackers R. Fiscal policy and TFP in the OECD: measuring direct and indirect effects [J]. Empirical Economics, 2015, 49 (2): 605 -640.

[197] Federici D., Parisi V. Corporate taxation and Exports: Evidence from Italian firm level data [J]. Review of Economics and Finance, 2014, 4 (2): 23 -38.

[198] Giannitsarou C. Supply-side reforms and learning dynamics [J].

Journal of Monetary Economics, 2006, 53 (2): 291 -300.

[199] Gilbert R. F. , Does the end justify the means in Pi earning ses-timates? A Rejoin dertopelάez [J]. Journal of Forensic Economics, 1998, 11 (2): 143 -151.

[200] Gray W. B. , Shadbegian R. J. Plant vintage, technology, and environmental regulation [J]. Journal of Environmental Economics and Management, 2003, 46 (3): 384 -402.

[201] Hall R. E. , Jorgenson D. W. Tax policy and investment behavior [J]. The American Economic Review, 1967, 57 (3): 391 -414.

[202] Hansen M. T. , Julian B. The innovation value chain [J]. Havard Business Review, 2007, 85 (6): 961 -977.

[203] Holmes T. J. , Hsu W. T. , Lee S. Allocative efficiency, mark-ups, and the welfare gains from trade [J]. Journal of International Economics, 2014, 94 (2): 195 -206.

[204] Holmstrom B. Agency costs and innovation [J]. Journal of Economic Behavior & Organization, 1989, 12 (2): 305 -327.

[205] Hsieh. , Changtai. , Klenow P. J. Misallocation and manufacturing TFP in China and India [J]. Quarterly Journal of Economics, 2009, 124 (4): 1403 -1448.

[206] Jorgenson D. W. Capital theory and investment behavior [J]. American Economic Review, 1963, 53 (2): 247 -259.

[207] Kaplan S. N. , Zingales L. Do investment-cash flow sensitivities provide useful measures of financing constraints? [J]. Quarterly Journal of Economics, 1997, 112 (2): 169 -215.

[208] Kenneth N. K. , Adam S P. Fiscal policy effectiveness in Japan [J]. Journal of the Japanese and International Economics, 2002 (16): 526 -558.

[209] Klassen K. J. , Pittman J. A. , Reed M. P. Cross-national comparison of R&D expenditure decisions: Tax incentives and financial constraints contemporary [J]. Journal of Accounting Research, 2004, 21 (3): 639 -680.

[210] Lach S. Do R&D subsidies stimulate or displace private R&D?

Evidence from Israel [R]. NBER Working Paper, 2000, No. 7943.

[211] Laffer A. The Laffer curve: past, present and future [R]. The Heritage Foundation, 2004, No. 1765.

[212] Leibenstein H. Allocative efficiency vs "X – efficiency" [J]. American Economic Review, 1966 (56): 392 –415.

[213] Liu Q., Lu Y. Firm investment and exporting: Evidence from China's value-added tax reform [J]. Journal of International Economics, 2015, 97 (2): 392 –403.

[214] Lokshin B., Mohnen P. Do R&D tax incentives lead to higher wages for R&D workers? Evidence from the netherlands [J]. Research Policy, 2013, 42 (3): 823 –830.

[215] Lucas R. Supply-side economics: An analytical review [J]. Oxford Economic Papers, 1990, 42 (2): 293 –316.

[216] Meeusen W., Vanden Broeck J. Efficiency Estimation from Cobb Douglas Production Functions with Composed Error [J]. International Economic Review, 1977, 18 (2): 435 –444.

[217] Mertens K., Ravn M. Understanding the aggregate effect so fanticipated and unanticipated tax policy shocks [J]. Review of Economic Dynamics, 2011, 14 (1): 27 –54.

[218] Modigliani F., Miller M. H. Corporate income taxes and the cost of capital: A correction [J]. The American Economic Review, 1963, 53 (3): 433 –443.

[219] Mukherjee A., Singh M., Zaldokas A. Do corporate taxes hinder innovation? [J]. Journal of Financial Economics, 2017, 124 (1): 195 –221.

[220] Novale A., Ruiz J. Dynamic Laffer curves [J]. Journal of Economics Dynamics & Control, 2002, 27 (2): 181 –206.

[221] Patrik G., Andreas P. Determinants of firm R&D: Evidence from swedish firm level data [R]. FIEF Working Papers Series, 2003, No. 190.

[222] Peters M. Heterogeneous mark-ups, growth and end ogenousmis allocation [R]. LSE Research Online Documents on Economics, 2013,

No. 54254.

[223] Piggott J., Whalley J. VAT base broadening, self supply, and the informal sector [J]. The American Economic Review, 2001, 91 (4): 1084 - 1094.

[224] Pigou A. C., Aslanbeigui N. The economics of welfare [M]. London: Routledge, 2017.

[225] Porter M. E. The competitive advantage of nations [J]. The Free Press, 1990, 1 (1): 123 - 145.

[226] Prescott E. Why do Americans work so much more Europeans [J]. Quarterly Review of the Federal Reserve Bank of Minneapolis, 2004, 28 (7): 2 - 13.

[227] Rodrik D. Industrial policy for the 21st century [R]. Kennedy School of Government, Harvard University, 2004.

[228] Romer C. D., Romer D. H. The macroeconomic effects of tax changes: Estimates based on a new measure of fiscal shocks [J]. American Economics Review, 2010, 100 (3): 763 - 801.

[229] Rosenbaum P. R., Rubin D. B. Reducing bias in observational studies using subclassification on the propensity score [J]. Publications of the American Statistical Association, 1984, 79 (387): 516 - 524.

[230] Savignac R. The impact of financial constraints on innovation: Evidence from French manufacturing firms [R]. MSE Working Paper, 2006, No. 06042.

[231] Schumpeter J. A. Capitalism and democracy [M]. London and New York: Routledge, 1994: 54 - 67.

[232] Schumpeter J. Capitalism and democracy [M]. Routledge London and New York, 1994: 54 - 67.

[233] Shirley C., Winston C. Firm inventory behavior and the returns from highway infrastructure investments [J]. Journal of Urban Economics, 2004, 55 (2): 398 - 415.

[234] Shleifer A., Vishny R. W. Large shareholders and corporate control [J]. Journal of Political Economy, 1986, 94 (3): 461 - 488.

[235] Tallarini T. Risk sensitive real business cycles [J]. Journal of

Monetary Economics, 2000, 45 (3): 507 -532.

[236] Tassey G. The economics of R&D policy [M]. Greenwood Publishing Group Inc, 1997.

[237] Thomson R. Tax policy and R&D investment by Australian firms [J]. Economic Record, 2010, 86 (273): 260 -280.

[238] Wagstaff, Adam., et al. Redistributive effect, progressivity and differential tax treatment: Personal income taxes in twelve OECD countries [J]. Journal of Public Economics, 1999 (72): 73 -98.

[239] Wang D. The impact of the 2009 value added tax reform on enterprise investment and employment - Empirical analysis based on Chinese tax survey data [R]. MERIT Working Paper, 2013, No. 059.

[240] Wang H. J. A stochastic frontier analysis of financing constraints on investment [J]. Journal of Business & Economic Statistics, 2003, 21 (3): 406 -419.

[241] Zwick E., Mahon J. Tax policy and heterogeneous investment behavior [J]. American Economic Review, 2017, 107 (1): 217 -248.